移民街らしい熱気にあふれる，ドゥジャン通りのマルシェ

右：ユダヤ人街のお惣菜店「フロランス・フィンケルシュタイン」
上：爽やかで繊細な味のマリネ，ディップ，ペーストなどが選べる

下：ロジエ通りのユダヤ人たち
左：フランス最大のユダヤ教会，シナゴーグ・ドゥ・ラ・ヴィクトワール

フランス最大のモスク，ラ・グランド・モスケ・ドゥ・パリ

右：モスク敷設のレストラン店内は，気取らずあたたかい雰囲気が人気
上：看板メニューのクスクスは，癒しの味わい

アルジェリア菓子店「エトワール・ヴェルトゥ」のショー・ウィンドー

上：アラブ人街のマルシェに並ぶおしゃれなヘジャブたち
左：バルベスの高架下に続くマルシェ．パリ一安いと評判で，いつもにぎわっている

バルベス・ロシュシュアール駅前

アフリカ系女性御用達の理容店が集中するシャトー・ドー界隈

上：13区にあるヨーロッパ最大の中華街

左：中華街の複合寺院に祀られた道教の神，真武大帝

下：人気のヴェトナム料理店「フォー・キャトルズ」の牛肉入りフォー

上：夏でも食べたいオリジナル・メニュー，牛肉鍋

上：「うずら丘」地区の中華料理店「レストラン・シェ・ヨン」
下：若者や労働者が集う「うずら丘」を貫くサンク・ディアマン通り

上：ペルドネ通り（インド人街）には，サリー姿の女性も

下：インド人街の守護神とも言えるヒンドゥーの神，ガネーシャ
左：インド料理店，雑貨店などが集中するパッサージュ・ブラディ

平凡社新書
661

エキゾチック・パリ案内

清岡智比古
KIYOOKA TOMOHIKO

HEIBONSHA

エキゾチック・パリ案内●目次

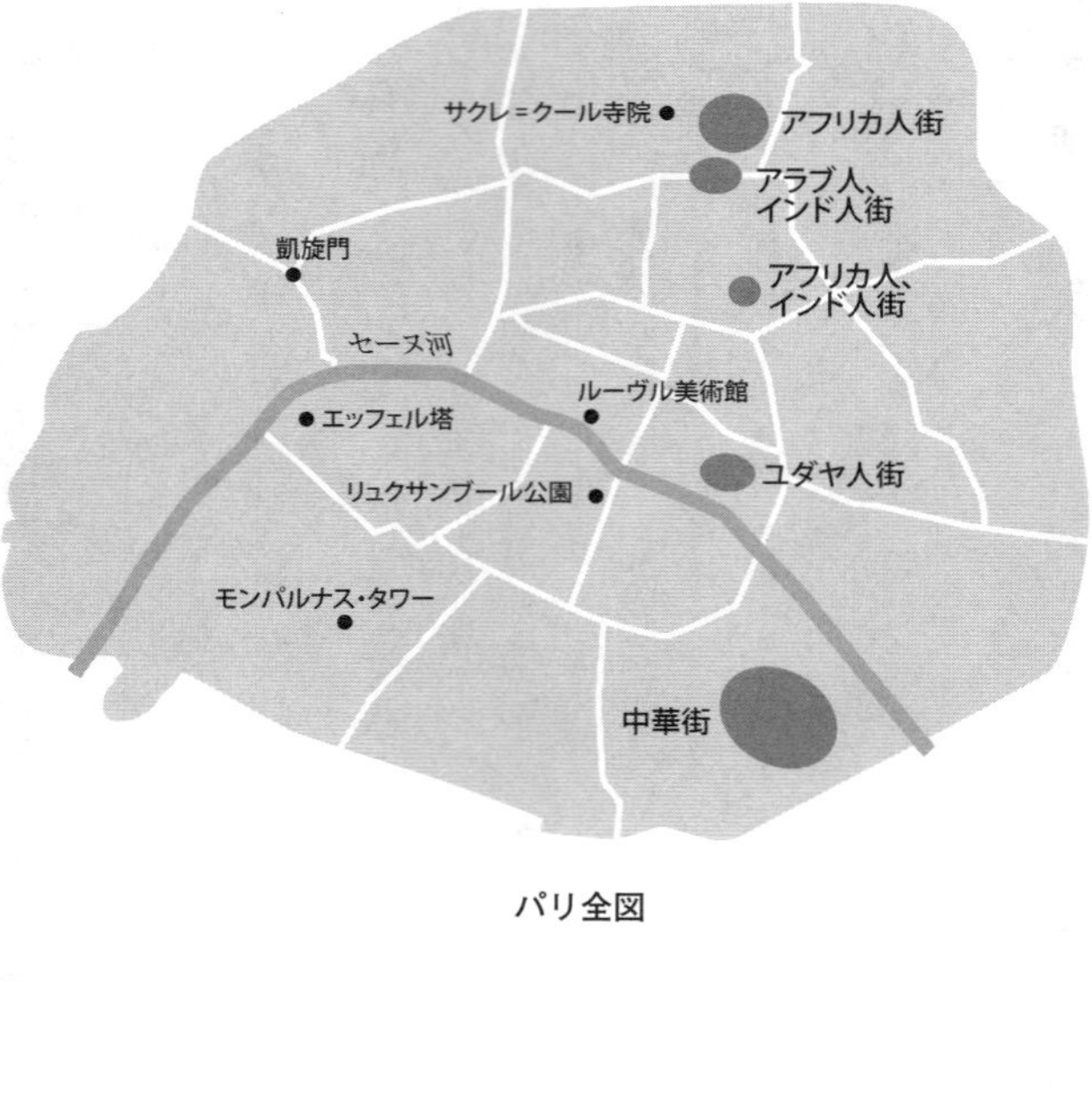
サクレ=クール寺院
アフリカ人街
アラブ人、
インド人街
凱旋門
アフリカ人、
インド人街
セーヌ河
ルーヴル美術館
エッフェル塔
ユダヤ人街
リュクサンブール公園
モンパルナス・タワー
中華街

パリ全図

はじめに

セーヌを行き来する遊覧船バトー・ムーシュの乗り場は、アルマ橋のたもとにあります。その橋から望むエッフェル塔は、大きすぎず小さすぎず、いいバランスでパリの街に溶け込んでいるようです。

「あんた、ヴェトナムから来たのかい？」

エッフェル塔から顔を戻すと、初老の男性が立っていました。褐色の肌からすると、北アフリカ系の人なのでしょうか。

「いや、わたしは……」

「オレはね、ヴェトナム系の友だちがたくさんいるんだよ」

「ああそう？　でも、わたしは日本人なんです。東京から来たんです」

「トーキョー……？」

すると彼は急に興味を失い、軽く片手を挙げると左岸側へと歩き去ってしまいました。

これが三十数年前、一九八〇年代のできごと。

あの頃はたいていの日本人が、「おまえはヴェトナムから来たのか」と訊かれる経験をしたはずです。それが今では、「日本からでしょう？」とずばり言われるのでなければ、「ニイハオ!」と呼びかけられることが多くなっています。そしてこんなことが起きるのには、やはり理由があります。それも、むしろとても単純な理由が。

一九八〇年代当時、パリでは数多くのヴェトナム系の人たちが活動していました。そして九〇年代以降、特に二十一世紀に入ってからは、中国系の「新移民」が爆発的に増えたのです（なぜ「爆発的」と書いて実数を挙げないかと言えば、それはその実数が誰にも分からないからです。もしそこに不法滞在者も含めるとすれば、なおさらです。このあたりの事情、詳しくは本文中の「アジアから遠く離れて」の部でご紹介します）。

ところでその当時日本では、フランスはまだ「神話的存在」でした。特に芸術の分野ではその傾向が強く残っていて、フランス文化を学ぶ大学生たちは、山脈のように連なる文学者たち、あるいは印象派以降の画家たちの名を口にするたび、なんとも言えない高揚感を胸の内に感じていたのです。

また映画の場合にしても、その誕生はほぼ二十世紀の幕開けと一致しているわけですが、フランスではすでに、何度かの黄金時代を経過しているように見えました。安岡章太郎の文章などを通して知る一九三〇年代の名画群、たとえばジュリアン・デュヴィヴィエの『望郷』（一九三七）や『舞踏会の手帖』（一九三七）などを見るために、八〇年代の東京の学生たちもまた、あちこちの名画座に通ったものでした。そして戦後のヌーヴェル・ヴァーグについては、言うまでもないのでしょう。当時の日本の学生たちにとってさえ、ジャン＝リュック・ゴダールの『勝手にしやがれ』（一九五九）は、ほとんどバイブルのようにみなされていました。

もちろんこの八〇年代というのは、萩原朔太郎が「ふらんすへ行きたしと思へども／ふらんすはあまりに遠し」と書いてからすでに七〇年が経過しており、アルバイトで旅行資金を貯めることさえ可能でした。にもかかわらず学生たちは、フランス旅行をしてきただけで、何か特別なものを身につけたかのような錯覚に陥りがちだったのです。近くなったはずのフランスは、やはり遥かな存在でした。これが、「神話的」ということの意味です。

けれども時は流れ、こうした神話は歴史のなかに置き去りにされてゆきます。それはもちろん、象徴派詩人ボードレールや、映画界の「巨匠」ジャン・ルノワールの研究が無意味だということではまったくありません。そうではなく、たとえばそうした研究でも、神話を脱ぎ捨てた裸の作品と向き合う感じで進められている、ということなのです。

でももし本当にそういうことであるなら、これからわたしたちが訪れようとしているパリもまた、裸の街として向き合ってみる時期なのではないか……？

パリについては、日本語で書かれたものだけでも、まさに数え切れないほどの本が出版されてきました。けれどもその多くは、まだ「神話」が生きていた時代に書かれたものであり、また二十一世紀になってからの著作でも、壊れたはずの「神話」を通してこの街と向き合っている場合もあるようです。もちろんそれらには、そうしたものとしての面白さがあるのですが。

この本で歩こうとしているのは、だから、裸の街としてのパリです。さまざまに流布している〝美と洗練と歴史を誇るパリ〟ではなく、日々更新されてゆく、若々しいパリなのです。そこでは、世界各地からやってきた移民たちがにぎやかに店を広げ、ラッパーたちが歌い、映像作家たちがカメラを回しています。しかも、かつてアフリカやアジア、アラブ世界やユダヤ世界から運び込まれたさまざまな種子は、今パリで色とりどりの花々を咲かせているばかりではありません。花々は互いに競い合い、ぶつかり合い、あるいは響き合うことによって、見たこともないような果実を実らせてもいるのです。エキゾチック・パリ。美しい果実にあふれたこの街を、わたしはそう呼んでみたい気がしています。

一九六八年にフランス語圏コート・ジボワールに生まれたティケン・ジャー・ファコリー。彼は今では、アフリカを代表するレゲエ・ミュージシャンの一人です。政治的なメッセージが込められた作品が多いファコリーですが、彼には「パリのアフリカ人」という痛切な曲もあります。アフリカから、集団でパリへと働きにやってきた若者が、母親に手紙を書くという設定です。——ママ、ぼくたちは今、パリ郊外の職業訓練所にいるんだ。心配いらないよ、ここには屋根もあるし、お金だって少しは持ってる。みんなと一緒だから、なんとかやっていけてるよ。だけどママ、パリでアフリカ人として生きるっていうのは、地獄じゃないけど天国でもないね……。

ではさっそく、その名を知らない人のいない都会パリへ、その裸の街の、まだ知られていない混沌のなかへ歩み入ってみましょう。パリ・デビュー前のあなたも、お気に入りの店が三、四軒はあるとおっしゃるあなたも、ぜひご一緒に。

地図の用意はいいですか？

0　出発前に

パリはガイドブックの王様です。近所の本屋さんの棚をざっと見回すだけでも三、四種類、大型書店に行けばもう何種類か、さらにネット上のお店を利用できるのなら、三桁にすることさえできるでしょう。そしてそれらほとんどすべてのガイドが観光ポイントとして挙げているのは、エッフェル塔、凱旋門、そしてルーヴル、この「セイム・オールド・トリオ（昔馴染みの三羽ガラス）」のようです。パリ初訪問という場合なら、外すことのできない場所ばかりです。

けれどもこの三羽ガラス、実は今回わたしたちが敢行しようとしているパリ巡りにはどれも登場しない（！）ので、ここでほんの少しだけ触れておくことにしましょうか。

エッフェル塔は、一八八九年、フランス革命一〇〇年を記念するパリ万博の折りに建設されました。当時エッフェル塔はパリジャンに不評でしたが、やがて二十世紀に入ると、「ミラボー橋」で知られる詩人アポリネールら若き芸術家たちが、あの金属製の偉容に「新しい美」を見出しました。前衛画家ドローネーの「エッフェル塔」シリーズも、この

凱旋門の上からシャンゼリゼ通りを望む

頃の作品です。そしてこうして見出された「美」が、今や全世界的に受け入れられるまでになっている、というわけです。

塔の設計者であるギュスターヴ・エッフェルは橋の技術者で、安藤忠雄の言葉を借りるなら、エッフェル塔は「橋を立ち上げたような姿」をしています。そしてたとえば映画やドラマのなかで、エッフェル塔は今なお頻繁に利用されています。つまりその見慣れた姿は、「ここ」がパリであることを意味しているわけです。この鉄製の巨大アイコンは、まだまだ現役です。

次の凱旋門は、あのナポレオンが建築を命じ、けれどもその完成を見ることはなかったという事情が知られています。そしてこの凱旋門からコンコルド広場へと延びるシャンゼリゼ通り。こちらはパリの歴史のなかでは比較的「最近」

登場した通りで、開通間もない一八〇〇年頃、シャンゼリゼ通りにあった家はたった六軒だったそうです。当時にぎわっていたのは、マドレーヌ寺院からオペラ座を経てバスティーユへと半円を描く、いわゆるグラン・ブールヴァール界隈でした。

そしてルーヴル。こちらは決して「最近」ではなく、建築が始まったのは一二〇〇年頃。当初これは要塞だったのですが、それにしてもなぜ、セーヌ沿いのあの位置に建てられたのかと言えば……。

パリがまだ首都ではなかった時代（七五一〜九八七）、大きな災難がこの町に降りかかりました。ノルマン人（ヴァイキング）が襲ってきたのです。ゲルマン人でありながら、いわゆる「大移動」に加わらなかったノルマン人は、九世紀、繰り返しパリに襲いかかりました。航海術にたけた彼らは、なんとセーヌ河を遡ってきたのです。なかでも八五五年の攻撃時には、七〇〇艘の船に乗った三万人（一説には四万人）のノルマン人がパリに現れ、彼らは両岸を略奪し尽くしたといいます。

このときの記憶は、それ以前のアッティラ来襲と並んで、パリ人の〝トラウマ〟となりました。だからこそパリ人は、十二世紀末にフィリップ・オーギュストの城壁が築かれた際、セーヌ沿いにも要塞を建設しないではいられなかったのです（「パリの城壁」参照）。そして当時のパリは今よりずいぶん小さくて、ルーヴル要塞は、パリを囲む城壁とセーヌが接する二カ所のうちの下流側、つまり海から遡ってくる「外敵」が初めてパリと相対する位置に造られたわけです。今ルーヴル美術館では、当時の主塔の一部を見ることができます。

そして現在のルーヴルで気になるものの一つは、やはり中庭にたたずむガラスのピラミッドでしょう。

北米のパリと言われるカナダ・ケベック州のモントリオール、このフランス語圏の街の中心にあるヴィル・マリ広場には、空から見れば十字に見えるはずのビルがそびえています。高さは一八八メートルといいますから、竣工した一九六二年当時は超高層ビルだったわけです。そして一九八九年、つまりエッフェル塔建設から一〇〇年後、このビルを設計した中国系アメリカ人の手によって、ルーヴルのピラミッドが完成しました。デザイナーの名はイオ・ミン・ペイ。二十世紀を代表する建築家の一人です。

一九八〇年代、どうもルーヴルにピラミッドができるらしいという話が、さまざまなメディアを通じて、けれどもどこかあいまいなまま伝えられていました。――ピラミッド？それはルーヴル全体が、巨大なピラミッドに包まれてしまうということ？　だとすると、ちょっと不自然では？……とわたしたちは気をもんでいましたが、それはまったくの杞憂に終わりました。むしろ小ぢんまりしたガラスのピラミッドは、とりわけ夜、美しく輝いています。

ただルーヴルにある美術品については、言わずもがなの事情を一言付け加えないわけにはいきません。ルーヴルに恭《うやうや》しく飾られている作品のなかには、「盗品」も多く含まれている、という事実です。フランス帝国が繰り広げた侵略戦争の過程で、戦利品として持ち帰ったものが、今ルーヴルの壁を飾っているわけです。ただしこの事情は、なにもルーヴルに限ったことではありません。そもそもこのパリの栄華そのものが、植民地主義がもたらした富（とりわけプランテーション成立以降は）によって生み出された側面もあるわけですし。

エッフェル塔、凱旋門、ルーヴル。こうした一級のメルクマールは、やはりたくさんの魅力的な顔を用意してわたしたちを迎えてくれるのですね。とはいえ、もちろん話はここでは終わりません。エッフェル塔たちほど華やかでも有名でもありませんが、魅力の点では引けを取らない建物や街区が、まだまだパリには発見できるのです。

I 歴史の痕跡に耳を澄ます——ユダヤ人街

1 ユダヤ人街・マレ地区のメイン・ストリート――ロジエ通り

それではさっそく街に出ましょう。わたしたちがこのパリで最初に目指す場所、それはユダヤ人街です。実は今フランスには、七〇万人ものユダヤ人が住んでいると言われています。この数字は、イスラエル、アメリカ合衆国に次ぐものですから、フランスは世界でも三番目の、そしてヨーロッパでは随一のユダヤ人大国なのです。

パリのユダヤ人街といって最初にご紹介しなければならないのは、なんといってもマレ地区でしょう。「マレ」というのは「沼」を表す語なのですが、現在のパリがローマ帝国の属領だった時代、セーヌ河右岸のこのあたりは沼地そのものだったそうです。セーヌがあふれるたびに、水浸しになってしまうような。

手近な旅行案内書を開いてみると、マレ地区はこんな風に紹介されています。

十六世紀の貴族の館が残る「パリのお屋敷街」マレ地区には、こだわりのスポットがいっぱい。日曜営業の店も多くて、休日の午後ふらりと出かけるのにぴったりの場所。

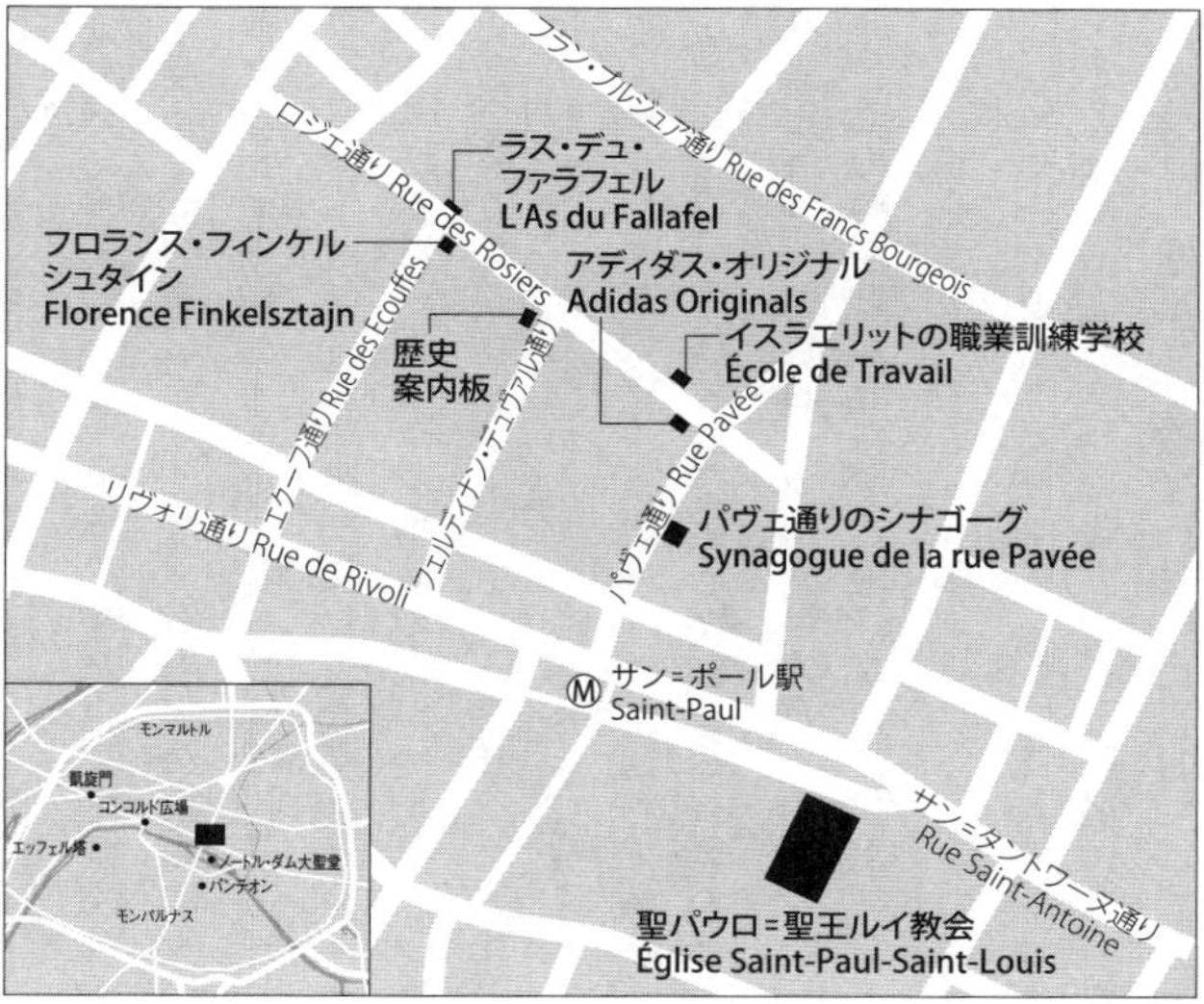

（『aruco パリ』ダイヤモンド・ビッグ社、一二六頁）

この紹介文のなかには、二つ、確認しておきたいことがあります。まずは、どうして「日曜営業の店が多い」のかということ。これはまさにマレ地区ならではの特徴なのですが、実はユダヤ人の安息日は土曜日なのです。だから、キリスト教徒がお休みする日曜日、すでに英気を養った彼らは店を開けているわけです。

次に確認すべきことは、引用文の冒頭にある「十六世紀の貴族の館」です。こうした「貴族の館」は、たとえばフラン・ブルジュア通り（Rue des Francs

Bourgeois）などへ行けば、ああこれも、またこっちにも、という感じなのですが、実はこのマレ地区、一九六四年に歴史的保存地区の指定を受け、だからこそこうした建物が多く残ってもいるのです。ただ案内書が念頭に置いている「貴族の館」とは、おそらくカルナヴァレ博物館のことでしょう。ここはしっとりと落ち着いたオアシス的な場所で、マリ・アントワネットの使っていた化粧台や、ルイ十六世の遺髪と対面することもできます。

そういえば、このマレ地区のなかでも、ちょうどポンピドゥー・センターの裏手あたりには、パリで一番ホットなゲイ・スポットもあります。仲睦まじく腕を組んで通りを歩くゲイたちは、なんだかとてもくつろいで見えます。そして宵闇迫る頃ともなれば、レインボー・フラッグの立つカフェはゲイたちで満席。通りまで男性客をあふれさせたこうしたカフェは、独特の生命感を発散させています。

つまりマレ地区は、ユダヤ的な顔、フランスの歴史としての顔、それにゲイ・スポットとしての顔などが混在する地区なのですが、ここでは特に、ユダヤ的な表情にスポットをあてていきましょう。

このマレ地区を訪れるなら、降りるのはメトロ一号線のサン＝ポール駅です。サン＝ポールとは、聖人パウロのこと。この駅名は、すぐ近くにある十七世紀に建てられた教会、聖パウロ＝聖王ルイ教会の名に由来しています。

地上に出るとそこは、パリ有数の目抜き通りであるリヴォリ通りと、ほぼ並行して走るサン＝タントワーヌ通りに挟まれた中州のような歩道です。横幅約一五メートルほどのこの空間は、厳密には「広場」とは言えないのですが、にもかかわらずしばしばサン＝ポール広場と呼ばれています。今は並木も植えられ、季節によっては、パリでよく見かける小さなメリー・ゴーランドが出迎えてくれることもあります。もちろん、子供たちの笑顔つきで。

サン＝ポール駅から地上へ．そこはもう中州のような「広場」

ところで、今はサン＝ポール広場となっているこの空間は、古くから存在していたわけではありません。一八五四年、ナポレオン三世が主導したパリ大改造の一環としてリヴォリ通りが延伸され、その結果として生み落とされた空間なのです。そしてそれから四〇年ほど経った一九〇〇年、パリで最初のメトロである一号線がサン＝ポール駅を通過するようになる頃、この空間はユダヤ人広場とも呼ばれていました。その理由というのが……、これは後でご紹介しましょう。

さて、ではまずリヴォリ通りを渡って、パヴェ通りを北へ歩いてゆきましょう。この狭苦しい路地をものの三〇秒も進むと、わたしたちの右手に奇妙に魅力的な建物が現れます。この波打つようなファサードを持つ建物は、マレ地区の一つの焦点と言ってもいい、「パヴェ通りのシナゴーグ」(Synagogue de la rue Pavée) です。シナゴーグとはユダヤ教会のこと。建物正面に並んだ扉の頭上にまたたくダビデの星、それが目印です。

それにしてもこのシナゴーグ、周囲の建物とはまったく異質な流麗さなのですが、実はこれをデザインしたのは、アール・ヌーヴォーの巨匠として知られるギマールなんです。一八六七年にリヨンで生まれたギマールは、四十三歳になった一九〇九年、富豪のユダヤ系アメリカ人女性と結婚します。そしてその四年後の一九一三年、この美しいシナゴーグがパリにデビューすることになるのですが、それはまさに、ロシア系のユダヤ人が大挙この地区に流入していた時代でもありました。パリとギマールの繋がりというと、蔓《つる》がうねるようなあのメトロの入り口が注目されますが、このシナゴーグには、より切実な強さが感じられる気がします。

さて、では先に進みましょう。

パヴェ通りをさらに五〇メートルほど進んだら、最初の角を左に折れます。するとそこはもうロジエ通り (Rue des Rosiers) です。このロジエ通り界隈は、多くのガイドブックでも紹介されるようなマレ地区の人気スポットです。ほぼ東西に延びる通りの全長は三〇〇メートルほど。幅は一〇メートル以上の部分もありますが、西の方ではその半分もないほど狭くなります。

ところで「ロジエ」というのは「バラの木」のこと。実はこの通りがお目見えした十三

ロジエ通り．奥に三角形の歴史案内板が見える

パヴェ通りのシナゴーグ．ギマールらしい流麗なファサード

世紀初頭というのは、フィリップ・オーギュストによる城壁が造られた時代です（すでに触れた、ルーヴルを含む城壁のことです。「パリの城壁」も参照）。この厚みのある城壁の内側には見張り用の巡回路が設けられていたのですが、このロジエ通りはまさにその巡回路そのものだったようです。そして早くも一二三〇年には、近くの庭に植えられていたバラの木にちなんで、ロジエ通りという名前が使われていたとか。

ただし、城壁の内側だったということは、たしかに当時からここは「パリ」の一部だったわけですが、あくまで境界すれすれです。今の感覚で言えば、まぎれもない田園風景が広がっていたにちがいありません。おそらく、要塞ルーヴルの塔さえ望めたでしょう。そしてここマレ地区には、まだ「パリ」の人口が五万人程度だったこの時代から、ユダヤ人のコミュニティーが存在していました。

では再び二十一世紀に戻りましょう。このロジエ通りを西へと歩きはじめるとすぐ、左手に「アディダス・オリジナル」という店が現れます。

そう、もちろんフランスでも、アディダス商品を扱っている店はどこにでもあって、決して珍しいものではありません。ただこのロジエ通りの路面店は、いわゆるアンテナ・ショップというのでしょうか、他の店にはない限定商品を置いていることで人気を集めています。このあたり、特におしゃれな店が集中しているのですが、この店も例外ではありませせん。

ここで深読みしたくなってしまうのは、ユダヤ人街の中心を貫くこのロジエ通りに、アディダスの重要な店舗があることの意味についてです。アディダスとプーマ、これらスポーツ用品の二大ブランドの創業者は、ルドルフとアドルフのダスラー兄弟なのですが、実はこのダスラー家、ドイツ系ユダヤ人なのです……。

そしてこの「アディダス・オリジナル」の斜め前には、イスラエリットのための職業訓練学校（Ecole de Travail）があります。イスラエリットというのは、フランス革命がユダヤ人に「市民」となる権利を認めた後、フランス社会に同化していったユダヤ人のこと。つまり、ユダヤ教徒であることを私生活に限定し、社会生活においてはフランスに溶け込んだ人たちのことを指しています。生業を持つことは、そんな風に溶け込んでゆく鍵の一つですね。そして実はこの職業学校の名前が、すぐ近くにある「パリの歴史」案内板にも登場しているのです。

ロジエ通りを進んでいった最初の角、かつては「ユダヤ人通り」と呼ばれたフェルディナン・デュヴァル通りとの角には、その昔マリア像が据えられていました。けれども一五二八年、ユグノー（プロテスタント）たちはそれを破壊し、翌年にはフランソワ一世が像の修復を命じ……。こんな過去を持つこの場所に、「パリの歴史」案内板は立っているのです。逆三角形のプレートには、こう書かれています。

プレッツェル：一八八一年以降、迫害から逃れようとしたアシュケナジム系ユダヤ人たちがフランスに流れ込み始めた。彼らはパリを目指し、とりわけマレ地区に定着していた同宗者のもとに身を寄せた。一九〇〇年には、ルーマニア、ロシア、オーストリア＝ハンガリーから約六〇〇〇人が、そして一九一四年までにはさらに一万三〇〇〇人がやってきた。エクーフ通り、（一九〇〇年まではユダヤ人通りと呼ばれた）フェルディナン・デュヴァル通り、そしてロジエ通りに大挙して集住した彼らは、そこに「プレッツェル」、イディッシュ語でいう「小さな広場」を形成し、ロジエ通り四番地二号には、イスラエリットのための職業訓練学校を創設した。〔……〕この地区のユダヤ人の半数以上が、ナチの強制収容所で命を落とした。

この歴史案内板を見ると、一八八一年が特別な年であり、またそれ以降この「小さな村」がどんな運命をたどったかがおぼろげに分かります。ただここでは、もう少しだけピントをはっきりさせるために、「パリのユダヤ人」の歴史を簡単におさらいしてみましょう。彼らはいつ、どんな風にしてパリにたどりついたのか、ということです。

フランスにおけるユダヤ人の存在については、ローマ属領時代にまで遡ることができます。その後少なくとも十二世紀、フィリップ・オーギュストの時代には、シテ島を含むパリのいくつかの場所に、ユダヤ人居住区を示す地名が存在していたようです。案内板には「同宗者」という言葉が使われていますが、それはこの時代からパリに住んでいたユダヤ人を指しているのでしょう。ただ彼らは、あくまで「よそ者」として受け入れられていたわけですが。

そんなユダヤ人たちにとっても、フランス革命はまさに「革命」でした。彼らはついに「市民」として生きる権利を与えられたのです。その結果、革命前には一〇〇〇人に満たなかったパリのユダヤ人は、革命後徐々に増え、さらには案内板にあった通り、一八八一年以降その数が急増します。もちろんそれは、理由のないことではありませんでした。

その年、帝政ロシアにおいて、アレクサンドル二世が革命主義者に暗殺されるという事件が起こりました。犯人は「恐ろしい〈共産ユダヤ人〉だ」というデマが広がり、ユダヤ人に対する迫害（ポグロム）が始まったのです。最も激しかったのは、当時ロシアの植民地だったポーランドにおいてでした。

やがてその波は、東欧から西欧にまで広がってゆきます。迫害を恐れたユダヤ人たちの多くは合衆国を目指しましたが、すでに同胞が根付いていたパリにもまた、少なからぬユダヤ人が流入してきました。もちろんフランスなら「市民」になれる可能性があったことも影響したでしょう。その結果十九世紀末、パリのユダヤ人は四万人を超えることになります。このときパリで新生活を始めたのは、ほとんどがアシュケナジム（ドイツ語圏や東ヨーロッパ諸国に定住していたユダヤ人）でした。

とはいえ十九世紀末というこの時代、パリのユダヤ人は必ずしも平穏に暮らせたわけではありません。一八九四年にはドレフュス事件が起こり、ユダヤ人に対するヘイト・クライムも頻発。なかでもその名前ゆえ特に標的とされた「ユダヤ人通り」は、案内板にも書かれている通り、一九〇〇年、当時のセーヌ県知事の名前からとった「フェルディナン・デュヴァル通り」に改名されています。

第一次大戦後も、東欧でのユダヤ人迫害は収まらず、特にポーランド系のユダヤ人移民の数は膨らんでいきました。そして結局、第二次大戦前夜のパリのユダヤ人は二〇万人、フランス全体では三〇万人にまで達していました。

一九三九年、開戦。けれどもやがてパリは陥落し、その結果ナチ占領下では、フランスにいたユダヤ人のうち七万九五〇〇人が強制収容所に送られ、生還したのはわずか二五〇〇人だったとされています。案内板によれば、プレッツェルのユダヤ人人口も半減してしまったわけです。実はこの時期マレ地区は、不衛生であることを理由に取り壊しが検討されていました。けれども街区からユダヤ人が半減した途端、取り壊し計画は一転、建物保存へと舵が切られたのです。「不衛生」という言葉を担っていたのは、ユダヤ人の存在だったのでしょう。

そして戦後、一九六〇年の「アフリカの年」を経て、アルジェリア独立戦争が終結した六二年以降は、アフリカの旧植民地からの移民が増え、そのなかにはセファラッド（地中海系のユダヤ人）も含まれていました（アシュケナジムとセファラッドは、時に対立し、時に連帯する集団だと言えます）。そして現在フランスのユダヤ人は、おそらく七〇万人にまで達しているわけです。パリへのユダヤ人流入については、おおよそこんな事情だったと考えられます。

この案内板と向き合う角には、かつてユダヤ系の有名レストラン、「ジョー・ゴールデンベール」が店を構えていました。一九八二年には、六人の犠牲者を出したテロ攻撃を受けたこともあるこの店は、二〇一〇年、衛生上の問題から閉店。おしゃれなジーンズ・ショップに席を譲りました。ただしその外観には、レストラン当時の痕跡が残っています。また先ほど、駅前のサン＝ポール広場について、ユダヤ人広場と呼ばれたこともある、と書きましたが、それはこの「プレッツェル（小さな広場）」と混同された結果だろうと言われています。

では、ユダヤ人街巡りに戻ることにしましょう。ロジエ通りをそのまま歩き続けると、次第に人が増えてきます。どうやら最もにぎやかな地点に近づいているようです。

先ほど、この界隈はガイドブックでも紹介されていると書きましたが、そうした記事に必ず登場するのが、あの中近東発祥のコロッケ、ファラフェルです。ロジエ通りには、このファラフェルを食べることができる店が何軒も集中しているのです。ただし、どのガイドにも紹介されている老舗の人気店、「ラス・デュ・ファラフェル」(L'As du Fallafel)には、今日も長い列ができています。この店のヒヨコ豆のコロッケは、たしかに素朴な味わいがあります。

けれども今回みなさんにご紹介したい本当の本命は、実はその人気店の向かいにある、うなぎの寝床のような「フロランス・フィンケルシュタイン」(Florence Finkelsztajn)のほうなんです。この店の可愛らしいテラスで楽しめるのは、新鮮で爽やかなイディッシュ料理です。

案内板にあった「プレッツェル」という語、これは「イディッシュ語」だということでしたが、それは「ユダヤ人の言葉」だという印象をお持ちかもしれません。その通りです。ただもう少し正確に言うなら、これはユダヤ人のなかでも、アシュケナジムの言葉だということになります。だからイディッシュ料理も、当然アシュケナジムの定住地域、つまりドイツ語圏や東ヨーロッパで食べられているものということになるでしょう。

さて、「フロランス・フィンケルシュタイン」です。その美しいショー・ケースをのぞいてみると……。

2 パリ一美しい広場へ――ヴォージュ広場

パリの代表的なユダヤ人街といえば、マレ地区。今わたしたちは、そのマレ地区でも最もにぎわっている地点、ロジエ通りとエクーフ通りのT字路交差点にいます。「エクーフ」というのは、猛禽の一種を指す古語で、どうやらかつてここにユダヤ人高利貸しが住んでいたことから付けられた名前のようです。とはいえ今この交差点に立つと、人間と自転車だけがゆったり行き交う、小ぢんまりした暖かな空間という印象しかありません。そもそもマレ地区については、「この界隈のユダヤ人自身も現在ふつうにゲットーと言っている」（田所光男）そうなのですが、だとすればそれは、誇りを込めた愛情表現なのでしょう。あえてこの語を使うことで、自分たちが生きてきた歴史をつねに確認するというか。

そしてこの落ち着いた交差点の角にあるのが、「フロランス・フィンケルシュタイン」です。お店の基調はブルー。まず扉は濃いブルーで、外壁には、淡い水色のモザイクを使って BOULANGERIE（パン屋）の文字を浮かび上がらせています。テラス――といっても要は「道」なんですが――に立っているパラソルも、明るいブルーです。

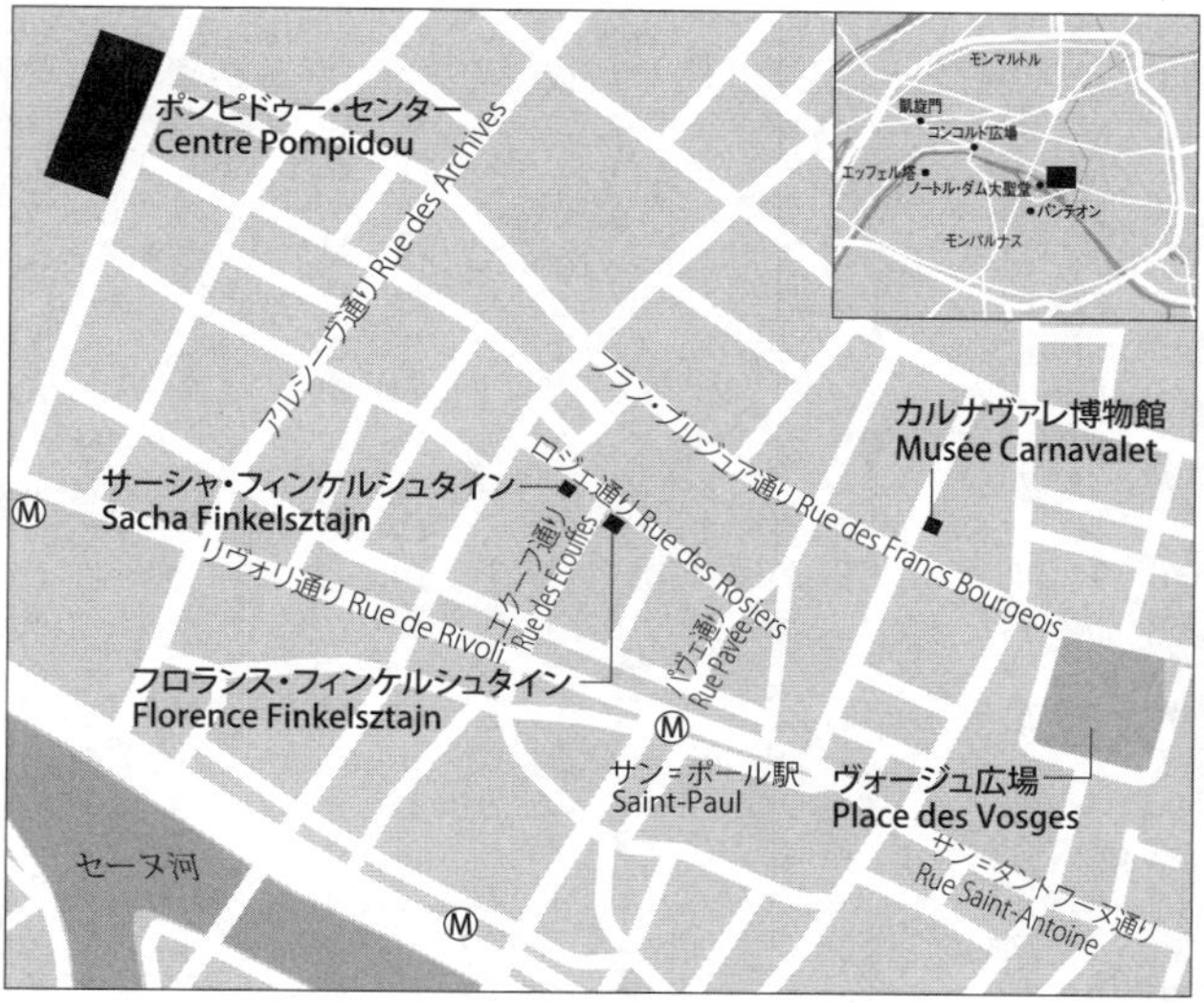

ではさっそく、このイディッシュ料理店のショー・ケースをにぎわすお総菜の数々と対面するべく、店内に入ってみましょう。

まず目に飛び込んでくるのは、白く透き通るニシンのマリネ、マティヤスです。そのお隣では、赤ちゃんの拳ほどのアーティチョークもまた、しっとりマリネされています。こちらは歯ごたえがありそう。そして目移りするほどたくさん並ぶディップたちは、ピンクに輝くタラマ、何種類かのチーズにハーブを混ぜたアルバニア風、ターメリックに似た香辛料も感じられる赤ピーマンのキャヴィア、ニシンと玉ねぎとリンゴをたたいたポーランド風……。

眺めているだけでため息が出そうです。もちろん、肉系のペーストも用意されています。それにしても、組み合わせを考えながらメニューを選ぶ時間というのは、なんと幸福なものでしょう。この時間をどんなに引き延ばしても、誰もあなたを責めることはありません。

なんとか献立が決まったら、ショー・ケースの向こう側に控えている東ヨーロッパ系らしい女性店員たちの誰かに声をかけましょう。彼女が、選んだものを好きな量だけ、お皿に盛りつけてくれます。そしてにぎやかになったお皿を受け取ったあとは、それをトレーに載せ、そのまま店の奥の会計へと進みます。そうそう、会計に向かう途中、通路の反対側にズラリと並んだパンのなかから、一つ二つ選んでくるのも忘れずに。ゴマと岩塩をちりばめたリング状のパンは、食事に向いているようです。もちろん飲み物も買えます。

さてテラス席は……、よかった、空いていました。こうしてここに落ち着けば、そぞろ歩く人たちを眺めながら、あるいはこちらが眺められながら、気分のいい食事時間の始まりです。

この店の料理は、いかにも自家製。家庭的で、やさしい味がします。特にタラマ。ボラ(やタラなど)の卵をペースト状にし、そこにレモン汁などを加えたこのディップは、パリではスーパーでパック入りが売られているほどポピュラーな存在ですが、この店のものは特別に爽やか。おいしいです。

タラマは、一般にはギリシャやトルコの伝統料理とされています。そしてここで「イディッシュ料理」として並んでいるところを見ると、そうした地域に住んでいたユダヤ人の食卓にも、きっとよく上っていたのだろうと想像できますね。そういえばショー・ケースには、アルバニアやポーランドの名もありました。

ロジエ通りのパン屋．キッパを被る青年の姿も

さて、この店の名前はフロランス・フィンケルシュタインですが、実はロジエ通りにはもう一軒、フィンケルシュタイン一族のお店があります。ここからロジエ通りをもう少し進んだところにある「サーシャ・フィンケルシュタイン」がそうです。外観は黄色で統一されているのですが、そんな店構えはこのサーシャだけですから、見逃すことはできません。

フロランス同様「パン屋」と名乗っていますが、サーシャにはいわゆる「お総菜パン」がいろいろ。どれもボリュームがあっておいしそうです。そしてこの店で評判なのは、実はチーズケーキ。プレーン、レモン、ラズベリーの三種類があって、これは迷う価値があります。

ところでこのロジエ通りでは、いわば「見て分かる」ユダヤ人の姿が少なくありません。長い顎鬚をたくわえていたり、あのキッパと呼ばれる小さな帽子――このあたりのお店では、エッフェル塔の模様入りのものも売られています――や、つばの大きなシルクハット風の黒帽子を被っていたり。そうした彼らは、単にユダヤ人であるというより、ユダヤ教徒（この場合は「超正統派」）であると言うべきなのでしょう。「パリで生きるユダヤ人」というアイデンティティーを堂々と引き受けている彼らの姿には、ある潔さが漂っているようです。

ただすでに触れた通り、フランスにいるユダヤ人の半数くらいが「無宗教」だろうと言われていて、彼らの場合は、外見から判断することはまったくできません。となるところで頭をもたげる素朴な疑問、それはそもそも「ユダヤ人」とは何か、ということでしょう。実はわたしの仕事仲間にも、「わたしユダヤ人なんですよ」と、まるでTシャツのブランドでも説明するかのように語る女性がいます。スラブ系のAさんは、「ユダヤ人の定義？　だって、見れば分かるでしょう？」と言うのですが……。

まず、「ユダヤ」という名の国が存在するわけではないので、少なくとも、日本人とかフランス人とかいうカテゴリーとは違うわけです。

だとすると血統、つまりDNAで決まるのでしょうか？

どうやらそれも違うようです。たしかに、そういうことになっていた時期もあったようですが、それがフィクションだということは、少し考えればすぐに分かります。ましてや、身体的特徴に依拠する定義は、完全にでっち上げだと言い切れます。ユダヤ人と呼ばれる人たちは、ヨーロッパや南北アメリカばかりか、アジア、アフリカ、オセアニアまで、世界中に広く散らばっています。つまり「ユダヤ人」の場合、人種さえ超えており、そこにはたしかにさまざまな血が流れ込んでいるのです。ということは、Aさんの見方はまちがっていることになります。おそらく彼女が言っていたのは、Aさんが生まれ育った村での、彼女を含む「ユダヤ人」一族の〝雰囲気〟のことなのでしょう。でも実際には、世界中にいるわけですからね。

それなら、ユダヤ教徒だということでしょうか？

これは幾分かそんな気もするし、実際これが正解だった時代もあるのでしょう。でも現実には、フランスのユダヤ人の半数ほどが無宗教だというのです。だとすると……。

ユダヤ人とは何か？　これに対するはっきりした答えは、どうも存在しないようです。

内田樹が言うように、そもそも日本語には「ユダヤ人」とパラレルになるような言葉（というか概念）が存在しないので、その時点ですでに分かりにくい上に、著名な学者や宗教家たちにこの問いをぶつけたとしても、三〇人に訊けば三〇通りの答えが返ってくるだろうとさえ言われています。ただ基本的には、父親母親のどちらかがユダヤ人だった場合、子供もまたユダヤ人として、つまりユダヤ的な文化や規律のなかで育てられる、そして本人も「ユダヤ人」としてのアイデンティティーを持つようになる、ということではあるようです。また、ユダヤ社会は母系中心なので、母親がユダヤ人の場合のみその子供はユダヤ人になる、と考える立場もあるようですが。なんだか煮え切らない答えで申し訳ありませんが、この問題にはまたあとで戻ることにしましょう。

さて、このマレ地区にはもう一ヵ所、忘れることのできない場所があります。ヴォージュ広場（Place des Vosges）です。日本の雑誌などで取り上げられるときは、決まって「パリで一番美しい広場」という見出しがついています。またこれはガイド本では触れられていませんが、サン＝ポール広場がイディッシュ語で「小さな広場」を意味していたことを踏まえて、このヴォージュ広場は「大きな広場」と呼ばれることもあります。

ヴォージュ広場は、ロジエ通りに並行して、その北側一〇〇メートルほどを走るフラン・ブルジュア通りに面しています。「フロランス・フィンケルシュタイン」からなら、歩いて十数分です。途中あのカルナヴァレ博物館に寄っても、遠回りにはなりません。

広場の起源は十六世紀に遡ります。一五八九年と言いますから、フランス革命（一七八九）のちょうど二〇〇年前、ブルボン家の出身者が初めてフランスの王になりました。フランスでは人気の高い王、アンリ四世です。彼は一五九八年にナントの勅令を発布し、ユグノー（プロテスタント）たちにもカトリックと同等の権利を認めたことでも知られています。

ブルボン朝が始まった当時、政治の中心はルーヴル宮にあったのですが、アンリ四世は新たな王宮の建設を命じました。それが王宮広場、今のヴォージュ広場です。やがて一六一二年に竣工すると、それ以降ルイ十四世の時代までの約一〇〇年間、貴族たちは争って周辺に居を構え、マレ地区は流行の先端をゆく街となります。ただその後は、最近になって「歴史的街」として人気が復活するまで、やや時代遅れという評価に甘んじた時期も長かったわけですが。

この正方形の広場の中心には、杯を重ねたような小ぶりの噴水が据えられています。それを芝と植え込みがバランスよく取り囲み、さらにその外側には、ローズ色に塗られた三六ものパヴィヨンが、見守るように並び立っています。たしかにここには、ほかにはない空気が満ちています。

このヴォージュ広場は、一時期六番地――現在は記念館になっています――に住んだヴィクトル・ユゴーを始め、有名人のエピソードには事欠きません。ただここではあえて、イギリス人作家スティーヴン・クラークの書いた『くそったれ、美しきパリの12か月』（二〇〇六）をのぞいてみましょう。

このベストセラー小説には、ヴォージュ広場に住む奔放なパリジェンヌが登場します。お金持ちの令嬢である彼女は、父親の政治的なコネを使って、このパリの一等地に暮らす権利を手に入れました。そして主人公であるイギリス人青年は、彼女に誘われるままこの部屋で同居することになるのですが、そこで彼が見たものは、大量の大麻だったのです。主人公の運命やいかに……、というわけですが、いずれにせよこのヴォージュ広場は、今も昔も、金とコネがないと住めない場所ではあるようです。

そして、ヴォージュ広場と言われて思い出すもう一つの場面は、映画『イブラヒムおじさんとコーランの花たち』（二〇〇三）に登場します。

この作品は、現代フランスきっての人気作家、エリック＝エマニュエル・シュミットの同名小説を映画化したものです。小説のほうは、シュミットが今も続けている「目に見えないものシリーズ」の一冊であり、この連作では、仏教、キリスト教、ユダヤ教、イスラームなど、さまざまな宗教が物語の背景に据えられています。

話を映画『イブラヒムおじさんとコーランの花たち』に戻しましょう。これはどんな物語かと言うと……。

一九六〇年代初頭のパリ、主人公はユダヤ人少年のモモです（本名は「モイーズ［＝モーゼ］」なのですが、作品中でこのユダヤ風の名前が使われる場面は多くありません）。陰鬱な父親との二人暮らしのなかで、モモは部屋の窓から見える世界に憧れています。そこは黒人の、白人の娼婦たちが立ち、超正統派の、あるいはこのあたりに多い生地問屋で働くユダヤ人たちが行き交う世界です。

そして乾物商を営むイブラヒム老人もまた、そのにぎやかな世界の住人です。彼はトルコ出身のスーフィー（スーフィスム［イスラーム神秘主義］の信仰者）であり、寡夫であり、もう四〇年もパリで暮らしています。

モモはいつもイブラヒムの店で買い物をするのですが、万引きを見逃してもらったことをきっかけに、

「パリで一番美しい広場」と言われるヴォージュ広場

具体的な付き合いが始まります。この半世紀ほどの歳の差がある交流はとても暖かく、また娼婦たちも、母のいないモモを可愛がります。

つまりこの映画の骨格は、モモが属している重苦しい、ホロコーストの記憶を背負ったユダヤ的な世界と、窓の向こうのにぎやかな世界との対比にあります。二つの世界はたった一五段の階段で繫がれ、その階段を往復するモモこそが、この物語を駆動させることになります。*1

さて、ある日イブラヒムおじさんとモモは散歩に出かけます。セーヌ河岸を歩き、イブラヒムはモモに新しい靴をプレゼントし……、そして二人がヴォージュ広場にやってきたときです、流しのカメラマンが二人に近づいてきました。イブラヒムは言います。――写真？ OK、じゃあ一枚頼むよ。

矩形のなかに、ほほ笑む二人が浮かび上がります。噴水と、かつては貴族たちが住んだローズ色のパヴィヨンを背景に。

その後二人は、ヴォージュ広場を囲む回廊にあるカフェに立ち寄りました。店は落ち着いたいい雰囲気。モモはふと言葉をもらします。

モモ　：ぼく、パリに住みたいよ。

イブラヒム：モモはもうパリに住んでるじゃないか。
モモ　：ちがうよ、ブルー通りはこんなにきれいじゃないもん。

これは意外です、モモはそんなことを思っていたのですね。ヴォージュ広場から、メトロなら七駅、歩いてもたぶん三〇分ちょっとのところにあるブルー通りに住んでいるのに。これはもちろん、実際の距離ではなく、心理的距離のことを言っているのでしょう。たとえ日本にいても、心理的にというなら、パリを近くに感じることはあります。けれども逆に、実際パリに住んでいても、「パリ」を遠く感じる生活というものも十分あり得るでしょう。そしてここで言うカッコつきの「パリ」とは、日本の観光案内書で紹介されているような、おしゃれできらびやかな「パリ」なのかもしれません。

となると今度は、モモやイブラヒムが住んでいる街が気になりますね？　それはもちろん、引用文中にも登場しているブルー通りです。

3 かつて「地獄通り」と呼ばれた道で——ブルー通り

九区にあるブルー通りは、長さわずか二五〇メートル、パリのどこででも見かけるような落ち着いた通りです。最寄り駅はメトロ七号線のカデ駅で、オペラ駅からなら三駅目。かりに歩いても二〇分足らずの距離です。というわけでこのあたり、今は「カデ地区」と呼ぶことにしましょう。

「カデ地区」を歩くなら、やはり出発点はカデ駅がいいでしょう。この駅から地上に出ると、目の前にはラ・ファイエット通りが延びています。オペラ座から二時の方向に延びるこの通りは、一方通行とはいえ三車線あって、クルマの流れが絶えることはありません。そしてこの通りを北東に五〇メートルも行ったあたり、焼鳥と寿司を出す日本料理店が立つ角から、右手に枝分かれしてゆく通りがあります。ブルー通りです。

このブルー通りもまた一方通行なのですが、クルマのレーンは一車線だけ。実際にはクルマもあまり入ってこない細い通りです。この通りを歩き始めるとすぐ、「シンデレラ」という店名とはそぐわない、ただ雑然と靴箱を積み上げただけの靴屋があり、その先の建

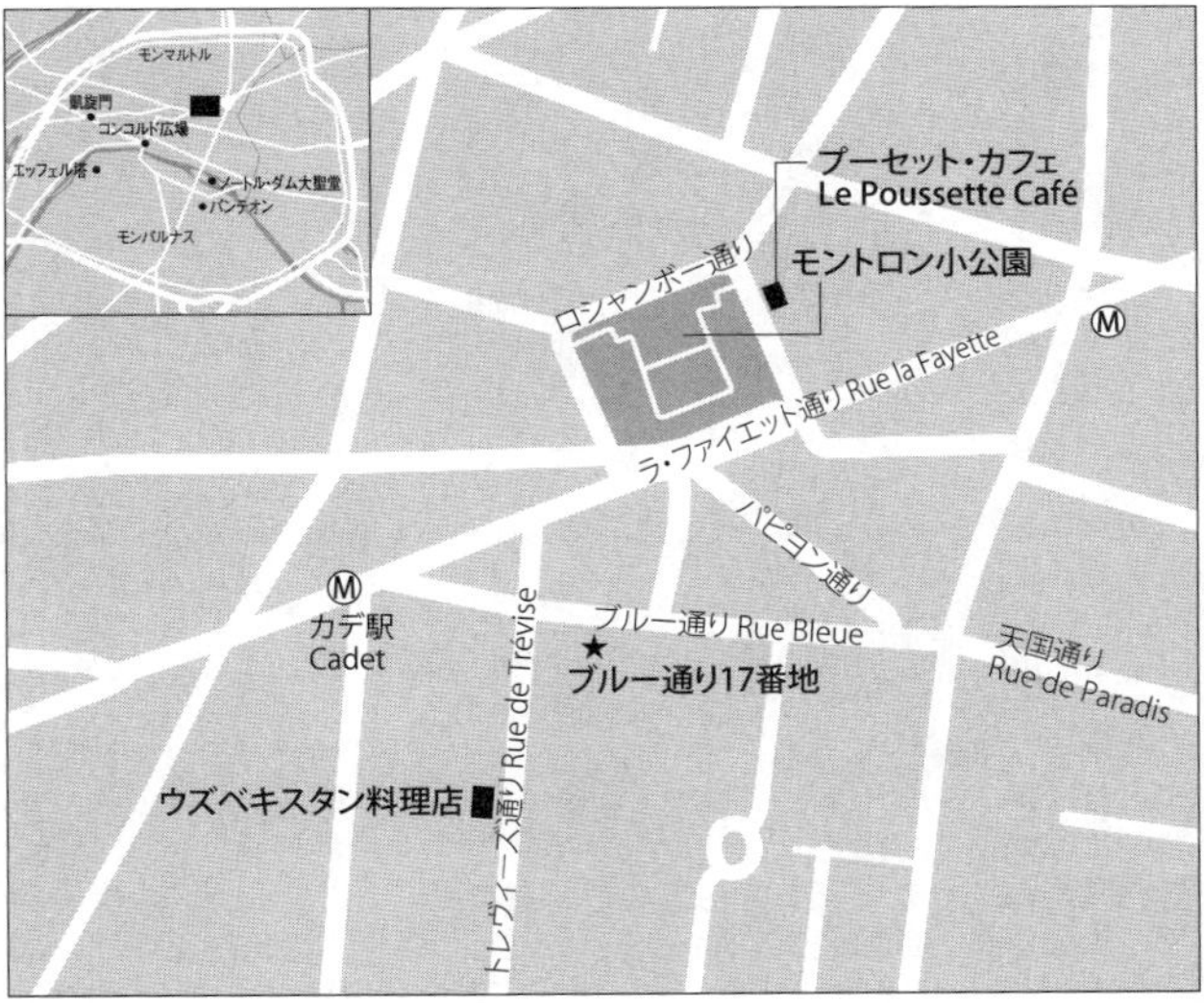

物の壁には、なんでも十九世紀の企業家だというジャン・ルクレールなる人物の、恭しいレリーフが掲げられています。そしてその石の横顔が見つめる先にあるのは、ウィンドーに仏像を飾ったタイ式エステ・サロンなのですが、そこはもうトレヴィーズ通りとの交差点です。ただトレヴィーズ通りもまた一方通行で一車線だけの通りなので、交差点とは言っても静かなものですが。そしてこのトレヴィーズ通りは、実はこの地区の重要な通りの一本なのです。少し寄り道してみましょうか。

　人通りのまばらな通りを歩いてゆくと、ある建物の入り口脇に、金色の大ぶりな表札が何枚も掲げられているのが目に留まるはずです。そこに書かれた姓のなかには、フランス語ではほとんど使われることのないkの文字が含まれているものが複数あり、また名前の下には、運動療法、看護、足の病気専門、医療全般、などと記されています。小さな医療ビル、というところなのでしょう。さらにその先の右手には、水餃子も食べられる感じのいいウズベキスタン料理店や、アルメニア語らしい店名のアクセサリー店などもあります。これがトレヴィーズ通りです。

ではブルー通りに引き返しましょう。このあたりからはもう、ほとんど住宅ばかりが続きます。道を二本ほどやり過ごすと、やがてパピヨン通りにぶつかりますから、ここで左に折れてそのまま進みましょう。するとまもなく、カデ駅前を走っていたラ・ファイエット通りに戻り着きます。そしてそこでわたしたちを待っていてくれるのは、緑に囲まれた美しい小公園です。このモントロン小公園もまた、カデ地区の一つの核だと言っていいでしょう。ランチ・タイムなどには、芝生に寝転がっておしゃべりする人たちの姿も見かけます。

小公園に沿って歩き、東側に回り込んでみると、おや、とても可愛らしいカフェがあります。この「プーセット・カフェ（ベビーカー・カフェ）」はその名の通り、赤ちゃんを乗せたベビーカーのまま入ってゆけるのが特徴です。店のインテリアも、明るく愛らしく、パステルのライトは風船のよう。もちろん、モントロン小公園に遊びに来た親子連れを迎え入れるつもりなのでしょう。

ではそのまま小公園の北側にも回ってみましょう。このロシャンボー通りには、小さなクレープ屋以外特にお店もないのですが、実はこの通り、後ほどご紹介する映画のなかでは、ある重要なシーンが展開する場所なのです……。

モントロン小公園は都会のオアシス

ところでカデ地区の中心と言っていいブルー通りは、かつて地獄通りと呼ばれていました。しかもこの道、二五〇メートル進み終えれば、そのまま天国通りへと続いていたのです。つまりまっすぐに繋がっている一本の道の名が、地獄と天国という、ほかのものが入り込む余地のないカップルに振り分けられていたわけです。

とはいえ、実際問題自分の住所が「地獄通り」だというのは、あまり歓迎されない場合もあるのかもしれません。そしてフランス革命が起きた一七八九年、住民たちからの要請により、その名はブルー通りに変更されました。せっかくの完璧なペアは解消され、天国だけが残ったわけです。しかもこのとき「ブルー」という名前が選ばれたのは、単に近くにヴェルトゥ（緑）通りがあったからだとか。やはりもったいなかったかもしれません。

天国通りに関する最近の話題といえば、リーアム・ニーソン主演のサスペンス映画『96時間』（二〇〇九）が思い出されます。彼の娘を誘拐したアルメニア人組織のアジトが、この天国通りにあるという設定でした。人身売買組織の隠れ家を天国に置くなんて、いったい誰がこんな皮肉な演出を？　と思ったら、脚本はリュック・ベッソン。ハリウッド的センスを熟知しているベッソンなら、こうしたコントラストをつけるのも頷《うなず》けます。

ただ、かつて画家コローが近くにアトリエを構えていたというこのブルー通りには、先ほど歩いてみてお分かりになった通り、際立った特徴があるわけではありません。むしろひっそりとした、静かな街だといえるでしょう。けれどもなぜか、この通りは「舞台」になるんです。

まずはもちろん、わたしたちをここに導いてくれた『イブラヒムおじさんとコーランの花たち』があります。モモもイブラヒムも、この通りに住んでいました。そして白人の、黒人の娼婦たちもまた、ここでタバコをふかしていたのです。一九六〇年代初め、という時代背景でしたね。

それからもう一本、ユダヤ人を正面から扱った『サンドイッチの年』（一九八八）という映画、かつて日本でも公開されたこの作品も、カデ地区と深く関わっています。

セルジュ・レンツの同名小説をもとに、ピエール・ブートロンが脚本と監督を手がけた『サンドイッチの年』は、緊密に構成された魅力的な作品です。「サンドイッチの年」というのは、パンのように平凡な年月に挟まれた、ハムのように味わいのある日々のこと。おそらく青春時代は、誰にとってもそんな「年」なのでしょう。もちろんそれ以外の年代にも、「サンドイッチの年」はあるでしょうけれど。

舞台は一九四七年のパリ。ナチに両親を奪われたユダヤ人少年ヴィクトールは、疎開していた田舎の家を抜け出し、かつて住んだパリに戻ってきます。けれども久しぶりのパリで、彼は自分がどこに住んでいたのかさえ思い出せず、リヨン駅で途方に暮れていました。そのとき偶然行き合ったのが、同年代で、ただしはっきり「階級」の違う少年、フェリックスでした。その後二人は「友だち」になってゆきます。

フェリックスの手助けを得て、ヴィクトールは「カデ駅」という名を思い出し、ついにかつての自宅を発見します。その簡素なアパルトマンは、ブルー通りと交差するトレヴィーズ通りにあったのです。

けれどもやっとたどりついたその家にはもう、両親どころか一人の知り合いさえいませんでした。途方に暮れるヴィクトール。そしてそんな彼を雇い入れてくれたのは、古道具商マックスでした。妻と子供たちをホロコーストで失い、自身も強制収容所からの生還者であるマックスは、ユダヤの神を信じず、けれどもユダヤ人として生きる態度をヴィクトールに伝えます。異教徒と「友だち」になれるかどうかを含めて。

そう、たしかにそういう物語なのですが、実はこの映画の冒頭の一分ほど（とエンディングの短いナレーションだけ）は、一九四七年ではなく、「現在」を時間的舞台としています。そしてその場面には、『サンドイッチの年』における「場所」の意味を解く鍵が潜んでいるようなのです。ではその一分間は、どんな場面だったかというと……。

ある夜更け、ヴィクトールは一本の電話に眠りを破られます。それは警察からの呼び出しでした。心配する妻を残して現場に駆けつけてみると、ヴィクトールが営む電器店の前には何台ものパトカーが。そこでヴィクトールが見たのは、暴力的に破壊された自分の店でした。反ユダヤ主義者が、ヴィクトールの電器店を襲ったのです。

この一分ほどの映像のなかに、ほとんど目立たない形で、鍵は映し出されていました。それは、電器店が立つブロックの壁に掲げられた、ロシャンボー通り（Rue Rochambeau）

という道路標示です。電器店はこの通りの北側にあるのですが、南側には、今は夜闇に閉ざされて見えないモントロン小公園が控えています。メトロのカデ駅から徒歩二分、ブルー通りからもごく近いこの小公園こそ、実は隠された鍵なのです。

話は一九四七年に遡ります。パリに戻った少年ヴィクトールは、トレヴィーズ通りの自宅がすでに他人の住まいとなっていることを知り、この広いパリで、誰一人知り合いのない自分を発見します。深い孤独感に沈み込んだヴィクトールが、そのとき重い足取りで向かった先、それがモントロン小公園だったのです。公園の、狭い東屋に立ち尽くすヴィクトール。そして次の瞬間、ほんの数秒間、セピア色の回想がわたしたちに示されることになります。

ブルー通り．ここからいくつもの物語が生まれた

一九四二年七月一六日、夜明け前に現れたゲシュタポは、追い立てるように両親を連行しました。世に言うヴェル・ディヴ事件の始まりです。[*1] ただ幼いヴィクトールだけは、この事態を予

期した両親によってモントロン小公園の東屋に行かされており、無事だったのです。公園の前に停められたバスに乗せられる一瞬、両親は東屋にいる小さなヴィクトールを見つめます。もちろんヴィクトールも、食い入るように二人を見つめ……。そのとき初めて、観客は冒頭のシーンの意味を理解します。そうです、ヴィクトールの営む電器店は、最後に両親と見つめ合ったあのモントロン小公園に、そっと寄り添うように立っているのです。『サンドイッチの年』という作品が生まれたのは、このカデ地区にあるモントロン小公園においてだと言ってまちがいないでしょう。

ところでこうした物語には、普遍的な親子愛というのとは別に、ある考えるべき問題が含まれているようです。それはもちろん、「ユダヤ人」とはそもそも何なのかというあの疑問です。以前この問いに触れたときには、DNAや宗教、あるいは外見の問題などではないのだということを確認しました。ここでは少しだけ視点を変えて、ユダヤ人の内側から、ユダヤ人としてのアイデンティティーは何に支えられているのか、という角度から考えてみましょう。問題になるのは以下の三点。まずは、ホロコーストの記憶、次に北アフリカ移民の存在、そしてイスラエルという国の在り方、です。

まずはホロコーストの記憶についてですが、まさにこの意味を突きつめようとする態度そのものが、戦後のユダヤ人のアイデンティティーの根幹に関わるのだ、という主張があります。[*2] ただこれは、実は単純な話ではありません。

キリスト殺しの汚名を着せられ、長く長く迫害の対象となり、さまざまな職業や土地所有から締め出されてきたユダヤ人にとって、フランス革命は大きな転機でした。すでに触れた通り、この革命は、世界に先駆けて、彼らに「市民」として生きる権利を認めたからです（これはアルザスなど一部の地域でユダヤ人に対して認められていた権利が、「人権」の名のもとに一般化されたのだ、とも言えるでしょう）。その結果一八〇八年には、唯一の公認ユダヤ人団体として長老会（コンシストワール・イスラエリット）が成立。さらに一八一九年には、マレ地区内のビエット通り（今のアルシーヴ通り。前述のゲイ・スポットはこのあたり）に、ユダヤ人のための初めての無償の公立学校も開校し、イスラエリットという生き方を選ぶユダヤ人も、寛容なるフランスを目指すユダヤ人も増えてゆきます。そして一八六〇年、こうして「解放」されたフランスのユダヤ人が中心となって世界ユダヤ連盟がパリで結成され、フランス外のユダヤ人たちの支援にまで乗り出すのです。彼らのなかには、フランスへの感謝の気持ちを込めて、第一次大戦に志願した人たちもいたといいます。長老会もまた、それを奨励しました。けれども二十世紀半ば、そうした彼らの選択を待っていたのは、六〇〇万のユダヤ人を死に追いやったホロコーストでした。しかも、一九四二年七月一六日、パリで行われた最大規模のユダヤ人一斉検挙（ヴェル・ディヴ事件）の際、あのフランス自らがナチに手を貸し、「市民」であるはずのユダヤ人たちを裏切ったことが、戦後明らかになったのです（ただしフランスは、一九九五年にシラク大統領がその事実を認めるまで、五〇年間否認し続けていました）。ホロコーストとは、アウシュヴィッツとは何だったのか、その問いの意味は多層的です。

ここで思い出されるのは、マックスやヴィクトールのことです。彼らの人生からにじみ出てくるのも、まさにそうした問いを突きつめようとする人のオーラだと言えそうです。また『イブラヒムおじさんとコーランの花たち』におけるモモの父親、息子の誕生日を忘れ、想像上の理想の息子を産み出した上、彼とモモを比較し続けた彼を、父親失格だと責めるのはたやすいことです。けれども彼もまた、両親をホロコーストで失い、この問いを自分の喉元に突き立てられたまま生きていたようにも見えるのです。もちろん、ついにパリで店を構えるまでになったヴィクトールと、子供を置いて自殺したモモの父親とでは、導き出した答えに、あるいはその突きつめる態度そのものに、明らかな差があったことになるでしょうけれど。

そして次に考えるべき対象となるのが、ホロコーストを体験しなかった北アフリカ系移民のユダヤ人たちの存在です。彼らにとって、そうした経験をアイデンティティーの核に置くのは難しいかもしれません。彼らに必要なのは、より未来志向的で、根源的なアイデンティティーの探索なのでしょう。[*3]

最後に考えておく必要があるのが、イスラエルという国の存在です。シオニズム運動の結果生まれたこの国は、現在その八〇パーセントの国民がユダヤ人です。ただし、イスラエル国民であることとユダヤ人であることは、決定的に違うのだという主張もあります。つまり、シオニズムは政治的運動であり、宗教的共同体だったユダヤ人社会を、ヨーロッパが発明した「国民国家」という枠組みに押し込んでしまったのだ、というのです。だからこそ、ユダヤ人のアイデンティティーを、「イスラエル国家の政治的支持者」にすり替えてはならないと。そうした政治的立場の未来に、たとえばアラブ人との共生を思い描くことはできないというわけです。[*4]

日本で暮らすわたしたちにとっても、ユダヤ人とは何かというテーマは、たしかに大いに興味を惹かれる問題です。が、そこから一歩進んで、ユダヤ人と非ユダヤ人の連帯の可能性の問題もまた、考えてみるべき事柄なのでしょう。二十一世紀においては、まちがいなく、さまざまな形での連帯、共生が必要になるはずだからです。でもそれはどんな形で、どこまで可能なのか？　こうした点に関して、ブルー通りを舞台とする二本の作品は、その映像世界の肌触りの近似性に反して、まったく違う方向を指し示しているようです。

『サンドイッチの年』の場合は、連帯の可能性はほとんど拒絶されているように見えます。映画の時間のなかで、ヴィクトールはたしかに成長します。しかしその成長を支えたのはユダヤ人マックスとの結びつきであり、「異教徒」フェリックスとの関係においてではなかったからです。そして大人になったフェリックスは、「現在」に戻った作品のエンディングにおいて、ヴィクトールはもう支えなどいらない、一人前になったのだから、とつぶやきます。このナレーションの意味は明白でしょう。異教徒との友情は成り立たない、あるいは少なくとも、ユダヤ人は閉じた輪のなかでやっていけるのだという、決意にも似た宣言……。この結末は、映画全体の巧みさとは裏腹に、決定的に閉じていると言わざるを得ません。

逆に『イブラヒムおじさんとコーランの花たち』のシュミットは、あえて楽観的であろうとしているようにすら見えます。この映画は、すでにご紹介した通り、ユダヤ人少年とスーフィー老人の愛ある交流を描いているわけです。スーフィーはムスリムですから、もう少し大きな枠組みで言えば、ユダヤ人とムスリムの、ということになり、だとすればそれは、中東戦争――フランス語や英語風に言うなら「アラブ・イスラエル戦争」――の当事者とも言える組み合わせなのです（もちろんこの両者は、オスマン・トルコ時代には共生していましたし、現在もユダヤ人の暮らすアラブ国家があります）。フランスでシュミットが広く支持されているのは、彼のストーリーテリングの才能だけによるものではないのかもしれません。

晴れた日の午前、この緑に包まれたモントロン小公園を訪れてみてはいかがでしょうか？　ヴィクトール一家だけでなく、まちがいなくモモもイブラヒムも、娼婦たちも通ったはずの公園で、今は白人の、黒人の、アラブ系の子供たちが、ブランコやジムではしゃいでいます。若い親たちもまた、周りのベンチに陣取り、子供たちの姿をやさしく眼で追いながら、他愛ない会話を楽しんでいます。ここは天国なのか？　と思う一瞬です。

けれども、公園の北側に沿うロシャンボー通りに目を移すと、そこにはヴィクトールの電器屋さんが見えるかもしれません（頼りは想像力です）。そして公園の南側正面から二〇秒も歩けば、そこはもうブルー通り。このブルー通りと交わるトレヴィーズ通りに、戦前のヴィクトール一家は住んでいたのです。ということは、時代を指折り考えてみると、モモの父親とヴィクトールは、もしかしたら同じクラスだったかもしれません。つまりモモは、ヴィクトールの子供だった可能性もあるわけです。

4　ユダヤ教の心臓――シナゴーグ・ドゥ・ラ・ヴィクトワール

ブルー通りを舞台にした『サンドイッチの年』は、ホロコースト後のユダヤ人の、一つの生き方を示していたと言えるでしょう。ユダヤの神とではなく、強制収容所で失われた人の思い出とともに生きること。ヴィクトールを救ったユダヤ人老人マックスは、そう彼に諭していました。マックスの態度には、アウシュヴィッツで神はどこにいたのか、と書いたユダヤ人作家、エリ・ヴィーゼルを思い起こさせるところさえあります。

ところでユダヤ人大国フランスでは、実に多くのユダヤ人関連の映画が作られてきました。前章では、ヴェル・ディヴ事件に関連して、『パリの灯は遠く』や『黄色い星の子供たち』などを註記しましたが、セザール賞を獲得しているマチュー・カソヴィッツの『憎しみ』（一九九五）にも、ユダヤ人が登場しています。

パリの「郊外」が語られるとき、必ずと言っていいほど引き合いに出されるのがこの『憎しみ』です。二〇〇五年の暴動を、すでに一〇年前に予見していた、というわけです。

この作品は、三人の若者たちの行動を描いていますが、彼らはそれぞれアラブ系、アフリカ系、そしてユダヤ系です。[*1]

ユダヤ人青年ヴィンスを演じたのは、今やフランスを代表する映画スターになったヴァンサン・カッセル。シナゴーグに行かないヴィンスを祖母がなじる場面などは、おそらくユダヤ的な日常風景なのでしょう。監督であるカソヴィッツの父親も、アシュケナジム系のユダヤ人でした。

また、最近シリーズ第三作が公開された『原色パリ図鑑』（一九九七）の場合は、ほとんどすべての出来事がパリのユダヤ人社会の内部で起こります。

舞台はパリのサンティエ地区。マレ地区から西に一キロほど、ほぼ接しているとも言える地域です。ここは生地問屋が集中していることで知られているのですが、実は繊維業界とユダヤ人は、長い結びつきがあります。すでに二十世紀初頭、フランスで就業しているユダヤ人三万人の内、三〇パーセント以上が服飾関係の仕事についていたという資料もあります。また戦後、マグレブ地域にいたセファラッドがフランスに流入したときも、多くが服飾業界に入ったと言われています。

主演のリシャール・アンコニナですが、彼の役どころは「ニセ・ユダヤ人」、つまり非ユダヤ人でありながら、ユダヤ人社会で一旗揚げることを企む若者なのですが、彼が「ニセ」であることに誰一人気づきません。それほどまでに、ユダヤ人を外見から特定するのは難しいということでもあるでしょう。ただし現実世界のアンコニナは、実はニセではないユダヤ人。なんだか不思議なキャスティングと言えるかもしれません。

またこのシリーズの登場人物の一人に、大金持ちの陽気なユダヤ人がいるのですが、この役を演じているジルベール・メルキは、実生活上でもユダヤ人であり、つまりメルキの場合は、役柄と現実が一致していることになります。彼は『イブラヒムおじさんとコーランの花たち』にも出演していて、そこではおそろしく陰鬱なユダヤ人、「モモのお父さん」役を演じています。メルキが演じ分ける二人のユダヤ人は、ほとんど正反対とも言えるキャラクターなのですが、これはおそらく、明るく陽気だと言われるセファラッドと、まじめで内省的だとされるアシュケナジムという両者のイメージを踏まえた設定なのでしょう。

――というわけで、フランス映画にはさまざまなユダヤ人が登場してきたわけですが、そうした彼らの起源は、あの「ディアスポラ」にあるということになっています。

ディアスポラというのは、そもそも「離散・散在」を意味するギリシャ語なのですが、今はむしろ「(世界中に) 離散しているユダヤ人」に対して使われることが多いでしょう。これはつまりパレスティナの地を追われて散らばったユダヤ人のことを指し、たとえば今フランスに住んでいるユダヤ人たちも、その起源はディアスポラにあるのだとみなすわけです。

けれども最近、このディアスポラは存在しなかった、それはフィクションだったのだという指摘が広がっています。当時、たしかに捕囚となったユダヤの宗教家などはいたし、金持ちたちはローマを目指したりもしたけれど、それはごくごく一部の人たち。大半のユダヤ人たちはそのままパレスティナに残り、キリスト教や、やがてはイスラームに改宗していったのだというわけです。*2

この歴史の書き換えの背後に、どんな政治的意図が隠されているのか、それは議論の分かれるところです。ただ、ディアスポラを否定することは、当然「ユダヤ人国家」建設の根拠そのものを否定することに繋がります。だからもしこの見方が広く認められるようになったなら、そのときは、イスラエルについても、ユダヤ人についても、もう一度その起源から考え直す必要が出てくるのです。とはいえ今は、その可能性があることを知っていれば十分でしょう。

さて、パリの街に戻りましょう。

ブルー通りやモントロン小公園を擁するこのカデ地区には、シナゴーグが四つあります。パリ最大のシナゴーグ、シナゴーグ・ドゥ・ラ・ヴィクトワールも、そのうちの一つです。

たしかあれは二〇〇六年のこと、パリの北東に位置するオー・ドゥ・セーヌ県で、携帯電話業者の男性が撲殺される事件が起こりました。反ユダヤ主義者による、ユダヤ人を狙った犯行でした。

被害者の葬儀は、このシナゴーグ・ドゥ・ラ・ヴィクトワールで行われました。参列者のなかには、当時のシラク大統領を始め、パリの枢機卿、ムスリムの代表らの顔も見えました。もちろんそこには、この個別の事件をきっかけに、パリでの宗教対立など起こしてなるものかという決意も感じとれたわけです。

二〇一〇年の夏、このシナゴーグ・ドゥ・ラ・ヴィクトワールを警備している若い制服警官と、立ち話をする機会がありました。

「このシナゴーグって、パリで一番大きいって聞いたんですけど?」

「さあね。でも、パリで一番重要なのはまちがいないよ」

「ちなみに、あなたはユダヤ人?」

「ちがうちがう！　単なる警備だよ。テロに備えないとね」

「ノートルダム寺院なんかにも、警備の人っているんですか?」

「あそこはいないね。いるのは大使館とかだよ。もちろん日本大使館にもいるよ」彼はちょっとウインクし、「詳しいことはチーフに訊いてよ、その角を曲がったとこにいるから」

チーフは、おそらく防弾の、大きな電話ボックスのようにも見える守衛所のなかにいま

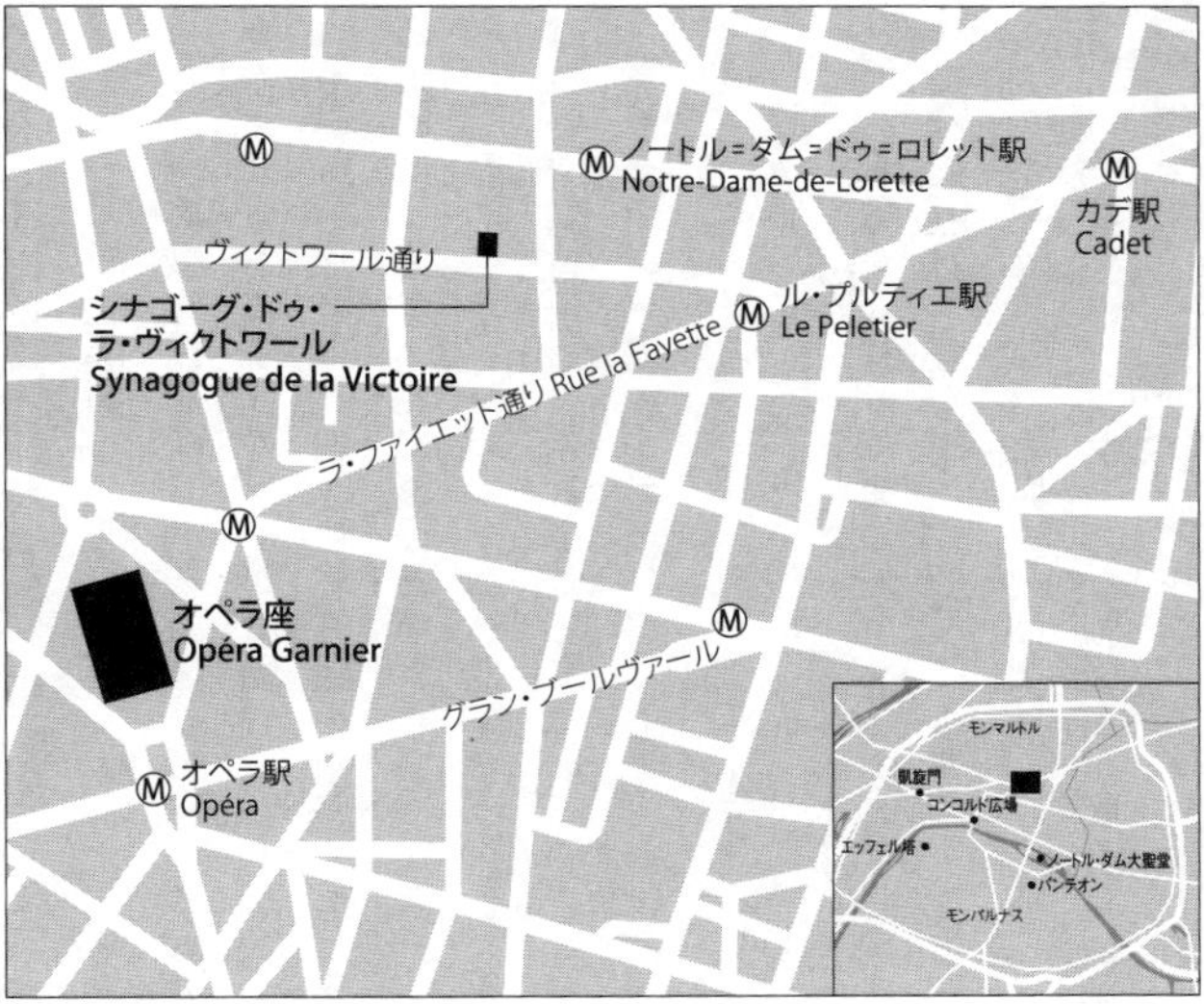

した。長身で、手入れされた髭をたくわえています。

「パリ一番かって？　むしろフランスで一番なんじゃないかな。もしかしたら、ヨーロッパで一番かもしれない」

そう、フランスは、ヨーロッパで一番多くのユダヤ人を抱える国でしたね。

「この辺には、ほかにもいくつかシナゴーグがありますよね」

「あるね。ここはアシュケナジム系だけど、セファラッド系のところもあるからね。ただよくは知らないんだ、ぼくはパリの人間じゃないから」

二人との会話で印象的だったのは、若い警官が attentat という単語を使ったことです。「テロ」や「襲撃」などを意味するこの単語が選ばれたということは、現代でもなお、「ヴィクトールの店」は破壊される可能性があることを示しています。反ユダヤ人主義者たちの手によって。ということは、終戦直後を時間的舞台として、一九八八年に作られた『サンドイッチの年』は、その実、まさに現代のパリが直面している問題を扱っているとも言えるわけです。二〇〇四年、イスラエルのシャロン首相が発表した「フランス在住の全ユダヤ人は、襲撃を避けるためにイスラエルに移住せよ」という声明は、フランス側の抗議によって撤回されはしたし、哲学者ミシェル・オンフレは、「フランスは、世間でいわれるほど反ユダヤ主義ではない」（傍点引用者）と主張してはいるのですが……。

シナゴーグ・ドゥ・ラ・ヴィクトワールは、オペラ座からなら、歩いて一〇分もかかりません。

では最後に、ブルー通りを舞台にした第三の映画について触れておきましょう。フランスでは最近ＤＶＤも出た、『ブルー通り十七番地』（二〇〇〇）です。ただこの映画、観ているのが辛くなるほど暗い物語です。

時間的舞台は、フランスが戦後の復興景気に沸いた「栄光の三〇年（一九四五〜七五）」の時代です。主人公は、アルジェリア出身の若く美しい女性。二人の男の子の母親でもある彼女は、フランス人男性の愛人となり、彼が世話してくれたブルー通り十七番地に住み始めます、息子たちや姉妹と一緒に。

けれども運命は彼女に味方せず、パトロンの男性は急死。現れた正妻は、そのアパルトマンからの立ち退きを迫ります。その後の展開は……、一本調子の下り坂。最後は、精神的にも肉体的にもボロボロになったヒロインが死んで終わります。

このどうにも救いのない映画で唯一興味を覚えること、それは単純に、ヒロイン一家がアラブ系だということです。

イブラヒムは、一九二〇年代から戦後にかけての四〇年間、ブルー通りで「たった一人のアラブ人」でした。その間、ヴィクトール一家を始めユダヤ人たちがすぐ近くに暮らし始め、戦後にはマグレブ出身の愛人親子までがそこに住んでいる……。

ある地区の住民の民族構成が変化すること自体は、なにも驚くことではないのかもしれません。たとえば代表的な移民地区であるベルヴィルでも、民族の構成は時代によって激変してきました。アラブ系の街からアフリカ系へ、そしてアジア系へという具合に。

繰り返しますが、戦後フランスに移民して来るユダヤ人は、北アフリカ出身者が増えたわけです。けれどもこうした移民は、もちろんユダヤ人に限ったことではありません。大戦で若い労働力を失ったフランスは、戦後復興の隆盛のなかで、労働力としての移民を歓迎していました。そこで（一九六〇年には多くが独立国家となる）旧フランス植民地からは、フランスに移民する人が増えていったわけです。もちろんそのなかには、アルジェリアを中心とする北アフリカが含まれていました。この『ブルー通り十七番地』は、まさにそうした復興期を背景に描かれています。

さあここまで話が進むと、また次の目的地が見えてきたような気がします。以下の章では、パリのアラブ人街を訪れてみることにしましょう。

Ⅱ イスラーム文化を味わう――アラブ人街

5 イスラームの美を訪ねる——ラ・グランド・モスケ・ドゥ・パリ

アラブ人街、と聞いて真っ先に思い出すもの、それはあのスパイシーで香り高い料理、クスクスかもしれません。細かく砕いたパスタを蒸して、そこに肉や野菜、あるいは魚の煮込みをかけたもの、とでも言えばいいでしょうか。店のメニューを見ると、「ラムのクスクス」「骨付きチキンのクスクス」「野菜のクスクス」「ボラのクスクス」……という具合です。

このクスクス、日本ではまだまだ一般的とは言えないものの、フランスではもう「ポピュラー」どころではなく、わたしたちにとってのラーメンやカレーに匹敵する存在です。だから当然パリには、メニューにクスクスを載せている店が星の数ほどあります。たとえば十一区にある高級店「ル・マンスーリア」のような店から、街角のテイクアウト店まで。

クスクスの起源はマグレブ地方、とりわけその先住民であるベルベル人[*1]だと考えられているのですが、『クスクスの謎』（にむらじゅんこ）という、まさにクスクス愛にあふれた本によると、必ずしもそうとは言い切れないようです。サハラ砂漠より南側にこそ、その起源があるかもしれないというのです。もしそうなら、クスクスがわたしたちの口に入るまでの旅はさらに長かったことになり、やさしい味わいの陶酔感も増す気がします。となると、今パリ歩きの途上にあるわたしたちです、ここはクスクスを試してみたいところです。そして今回、煌めく星々のなかから選んだお店はというと……。

ここでおいしい食事の前に、二つだけ、確認しておきたい言葉があります。それは「マグレブ」と「アラブ」です。

まず「マグレブ」ですが、これは一般に、アルジェリア、モロッコ、チュニジアという、北アフリカの三つの国を指す語ということになっています。ただもう少し詳しく言うなら、「マグレブ」とはもともと「マシュリク」とペアになるアラビア語で、それぞれ「(日没の地である)西方」と「(日の出の地である)東方」を意味していたそうです。アラビア半島の西のほうと東のほう、ということですね。だから「西方」にあたるマグレブは、右に挙げた三国を指すことになったのでしょう。

この北アフリカ沿岸のマグレブ三国には、実はあるはっきりした共通点があります。それはまずなんといっても、イスラームを国教とし、国民の九九パーセントがムスリムであること。そして二点目が、かつてフランス帝国に保護領や植民地として支配されていたということ。特にアルジェリアは、一八三〇年という早い段階から植民地化されたのですが、それはフランスの復古した王政が、国内の不満をそらすためだったとも言われています。また独立の際も、アルジェリアは過酷な独立戦争(一九五四〜六二)を戦わねばなりませんでした。それだけフランス帝国が強く執着する国だったわけです。

パリでは一般に、モロッコ系はまじめで働き者、チュニジア系は温和でおとなしく、一方アルジェリア系はより自主性が強くて行動的だと考えられているようです。もちろんこれは「日本人は勤勉だ」というレヴェルの言い方に過ぎず、誰にでもあてはまるわけではありません。でもこうした印象はマグレブの人同士でも共有されていて、だからこそ二〇一〇年、「アラブの春」の発端となったジャスミン革命がチュニジアで起きたことは、アルジェリア系の人にとって衝撃だったといいます。

次に「アラブ」のほうですが、これは「人」を指す場合も「地域」を指す場合もある語で、結論から言うと、明確な定義をすることはできそうもありません。ただ、「人」に対して使うなら、「イスラーム文化を誇りとし、アラビア語を愛する者」(片倉もとこ)という風に考えれば、大枠としては大丈夫でしょう。ただこの定義のなかでも、「イスラーム教徒」とは書かれていない点に注意してください。もちろんほとんどはムスリムですが、たとえムスリムでなくとも、この定義に当てはまる人は存在しているのです。無宗教の

「ユダヤ人」の場合と、ほぼパラレルに捉えることができるでしょうか。とするなら、彼らが集住している土地こそが「アラブ地域」ということになります。そしてそれは実質、マグレブとマシュリクを合わせたものなのです。

今フランスには、六〇〇万～七〇〇万人のアラブ系の人たちがいると言われています。そして彼らの大多数はムスリムですから、六五〇〇万人ほどいるフランス人のうち、一〇パーセントほどがムスリムだということになります。ちなみにアメリカの場合、正確な統計はないようなのですが、一パーセント以下だろうと言われています。イスラームに対するフランスとアメリカの態度の違いは、この数字とも関係があるでしょう。

それにしても、なぜフランスにはこれほどのムスリムが存在するのでしょう？　ポイントはもちろん「移民」です。

かつてフランスがマグレブを植民地として支配していた時代にも、第二次大戦後の復興期にも、多くの植民地が独立した一九六〇年（「アフリカの年」）以降にも、マグレブ地域からフランスを目指す移民はいつでも存在してきました。もちろん根本には経済格差があったわけですが、とりわけ「栄光の三〇年」と呼ばれる成長期にあったフランスは、多くの労働者を必要とし、また彼らを歓迎してもいたので、マグレブ系移民は急増しました。そして彼らのほとんどはムスリムですから、結果としてムスリムの移民が大量にフランスに入国することになったわけです。一九七六年に「家族の呼び寄せ」が認められて以降は、この流れに拍車がかかることになります。

ただしその後経済成長が止まると、フランスは移民に対する態度を一変させます。そして二十一世紀に入った今、移民排斥を謳う右派は一定の支持を集めているのですが、皮肉なのは、この右派が理想とするのが日本、移民の受け入れをほとんど拒絶する日本だということです。


さて、こうした移民たちが、比較的仕事の多い都市部に集まるのは自然なことでしょう。だから都市部のムスリム率は、一〇パーセントを超えていくことになります。そこで問題になるのが祈りの場所の確保です。きちんとモスクに通う習慣があるのは、パリのムスリムの五人に一人ほどだろうと言われてはいるのですが、そうは言ってもパリ人の一〇パーセント以上がムスリムです。相当数用意しなくてはなりません。

現在パリには二〇ほどのモスクがあるのですが、実はその大半はアパルトマンの一室を改造したものにすぎず、とても十分な祈りのスペースを提供するところまではいっていません。金曜の礼拝の時間、十八区にあるモスクの前などでは、なかに入りきれなかったムスリムたちが、道路にまであふれて祈る姿が見られるほどです。新たなモスクの建設が急がれる所以です。

こうしたなかで、五区にあるラ・グランド・モスケ・ドゥ・パリは、パリのみならずフランス最大のモスクであり、ムスリムたちにとっても特別な寺院だそうです。どうでしょう、ちょっと見てみたい気がしてきたでしょうか？　そうです、今回はこのモスクを目指すことにしましょう。もちろん、クスクスのことも忘れてはいません。

ラ・グランド・モスケ・ドゥ・パリ．緑もよく手入れされている

一九二六年に竣工したこのモスクは、「メトロポール」（フランス本国）内に出現した最初のモスクでした。建設運動自体は十九世紀末からあったようなのですが、第一次大戦後、戦争に従軍して命を落とした数万人のムスリムのために、という名目で、ついに建設許可が下りたわけです。フランスは資金提供にも応じました。

五区にあるラ・グランド・モスケに行くには、

メトロ七号線のプラス・モンジュ駅からがいいでしょう。歩いて五分ほどのモスケの入り口前には、ロベール・モンターニュ小公園があるのですが、このあたりには必ず、施しを求める人たちが座っています。イスラームでは、貧しい人への喜捨が奨励されています。またその喜捨を受け取る側も、善行を行う機会を与えているのだからこれはむしろ相手にとって利のあることなのだ、と考えるそうです。喜捨は、それくらい当然の行いだということなのでしょう。

さて入り口につきました。

ラ・グランド・モスケはとても優美な建物です。スマートな尖塔《ミナレット》、帯のように壁を巡る繊細なアラベスク模様、二本ずつ並び立つ真っ白い柱廊、中庭の水盤、手入れの行き届いた庭と泉……。あなたがムスリムでない場合のみ、わずかな「拝観料」がかかりますが、訪れるに値する静謐《せいひつ》な空間であることはまちがいありません。またモスクの奥まったところには礼拝場があるのですが、その入り口に立つだけで、ミフラーブ（メッカの方角を示す目印）に向かって祈る人たちの熱気が伝わってきます。

そうして心が落ち着いたところで、さあ、ではお約束のクスクスに会いに行きましょう。

このラ・グランド・モスケを出て、モスクの敷地沿いに反時計回りに歩いてゆくと、ありました、今日のお目当てであるレストラン、「ラ・グランド・モスケ」です。

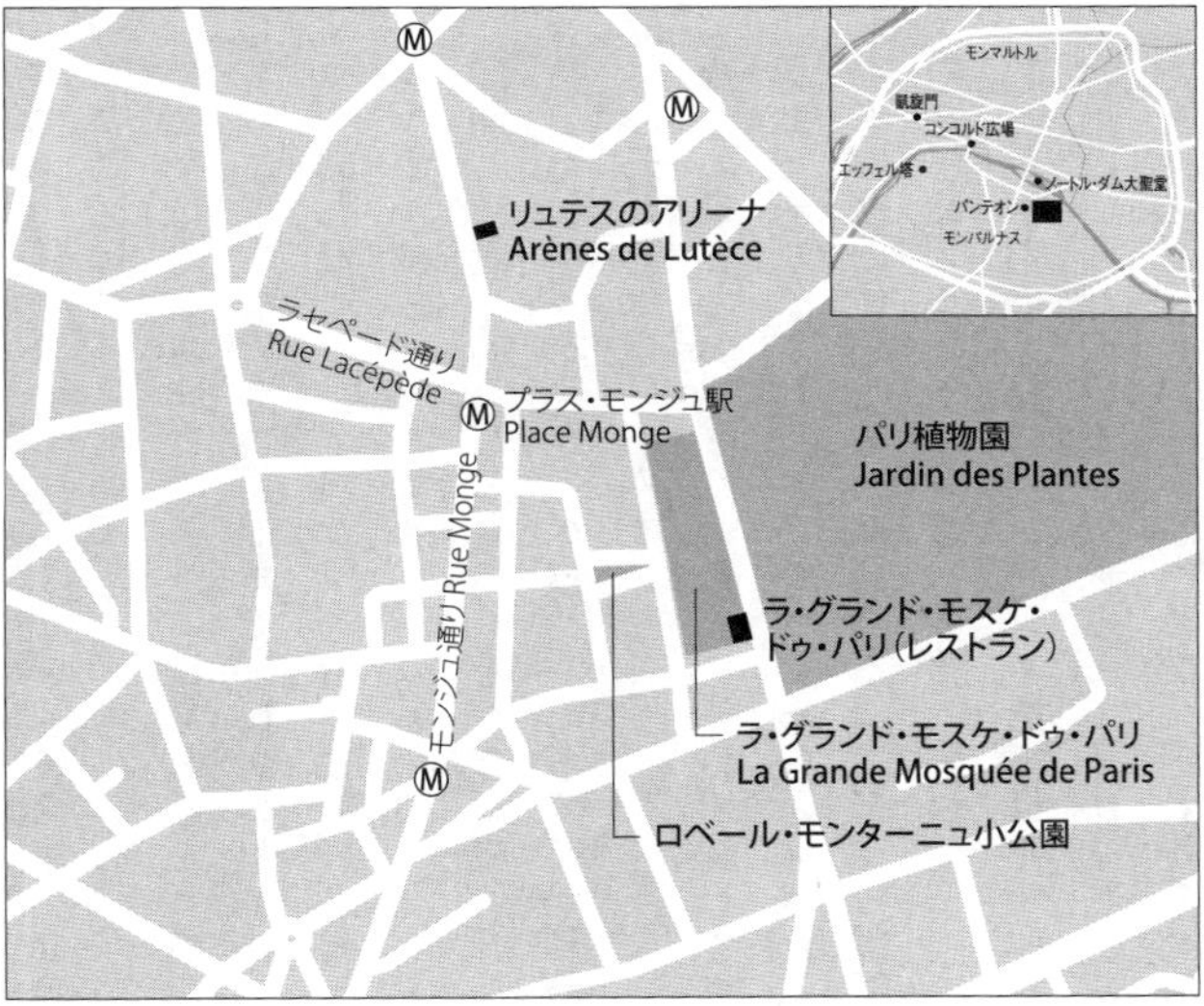

モスクと同じ名を持つこの店は、日本で発行されている観光案内書などでも紹介されていることがあります。ただそれは多くの場合、入り口付近を占めるサロン・ドゥ・テ（喫茶部）に関する記事のようです。もちろんこのサロンも素敵です。緑豊かなテラス席は、白とブルーを基調としていて、とりわけ籐製の青い椅子は白いパラソルによく映えます。ただおなかがすいているわたしたちは、建物の奥にあるレストランへ、そのまま進入することにしましょう。

レストラン・スペースは、軽やかなサロンとは違って、むしろリッチな雰囲気です。壁は紅色とトルコブルーのコンビネーション、調度品は赤系の柄物で、ただし天井のライトカバーと円卓は銅製です。そこここにはスズメもいて。

ここではさまざまなクスクスはもちろん、最近は日本でも鍋を見かけるタジン各種、そしてさまざまなアラブ菓子まで味わうことができます。そうそう、オリーブやニンジンをすりつぶしたモロッコ風サラダも、独特のさっぱり感です。アラブ・レストランですからアルコールは注文できませんが、名物のミント・ティーがその代役を果たしてくれます。

以前この店を訪れたときのこと、まだ歳若いウェイターのお兄さんと話をすることができました。アルジェリアからパリに来て五年目だという彼は、にこやかな笑みを絶やしません。わたしは訊いてみました。

「今、あそこのお客さんたちと、英語で話してましたよね?」

「ああ、そうですね。アメリカからのお客さんみたい」

「でも同僚の仲間たちとは、あれは、アラビア語?」

「そう、仲間うちではアラビア語ですね」

わたしたちの会話は、フランス語で進んでいました。で、わたしはさらに尋ねました。

「言葉はいったいいくつできるんですか? 英語、アラビア語……」

「あとはスペイン語、ベルベル語、それからフランス語ね。アルジェリアにいたときは、家庭内ではベルベル語、学校ではフランス語、そして町に出ればアラビア語、っていう感じだったから」

ということは、彼はいわゆるベルベル系なのでしょう。先ほど、クスクスを創り出した可能性がある人々としてご紹介しましたね。今もアルジェリアでは、二〇パーセントほどがベルベル系だと言われています。

「でもね、書けるのはフランス語だけ。あとは話せるけど、書けるわけじゃないんです」

「それは、学校で習ったから？」

「そう。学校で習ったのは、フランス語だけ」

そして彼は、好きな作家として、サルトル、カミュ、ジッドなどを挙げ、

「でも一番好きなのはサルトルかな」

「サルトルはね、日本でも人気のある時代があったな。あれは、六〇年代？」

「そうそう。六〇年代ね。でもぼくは、

ラ・グランド・モスケ・ドゥ・パリの美しい中庭

今でも好きなんだ。ところでどう、クスクスはおいしかったですか?」

「素晴らしかった! お店も素敵だし」

「メルシー、ムッシュ」

彼は満足そうに頷き、わたしが右手を差し出すと、力を込めて握り返してきました。

ところでこのレストラン、なにを頼んでも盛りがいいです。だからデザートを試したい場合には、料理の注文はやや控えめにしたほうがいいかもしれません。


メトロのプラス・モンジュ駅から、ラ・グランド・モスケの方向とは逆に北へ上ると、ほんの数分歩いただけで、「リュテスのアリーナ」に到着します。リュテスとは、ローマ時代の「パリ」の名前。紀元一世紀に造られたこの闘技場(兼劇場)は、オスマンのパリ改造中に発見された、パリで一番古い遺跡です。この石造りのアリーナからラ・グランド・モスケまで歩けば、それはほぼ二〇〇〇年のパリを横断することにもなるのでしょう。

6　美しきパリ人たちがここに？——ティノ・ロッシ公園からアラブ世界研究所まで

二〇〇七年に日本公開された『パリ、ジュテーム』は、一八人の監督たちによる贅沢なオムニバス映画でした。「パリよ、わたしはおまえを愛してる」、あまりに直截なこのタイトルには、どうも気恥ずかしさを禁じ得ないのですが、実際の作品を見れば、その「愛」にはとまどいも、ためらいも、屈折も、アンビヴァレントな熱情も流れ込んでいて、これなら、と思わせられます。

一八人の監督のなかには、今をときめくユダヤ系のコーエン兄弟や、コアなファンがついているオリヴィエ・アサイヤスらが含まれ、また出演者には、『ロード・オブ・ザ・リング』シリーズのイライジャ・ウッドや、ナタリー・ポートマンなどが名を連ねています。一人の監督の持ち時間は五〜六分ほどなのですが、だからこそそのわずかな時間は、かなり綿密に構成されている気がします。取り上げられている場所はモンマルトル、マレ地区、バスティーユ、ピガール、マドレーヌ界隈……。そして今回わたしたちが注目したいのは、「セーヌ河岸」と名づけられた作品です。

セーヌ河はパリをしなるように横断しているわけですから、パリにはいたるところに「セーヌ河岸」があるわけですが、この作品のなかに登場しているのは五区にあるサン＝ベルナール河岸です。そしてこの河岸とセーヌ河の間には、水辺沿いに延びる遊歩道を中心に、なんと三万平方メートルに及ぶ緑地帯が広がっています。一九八〇年に完成したこのグリーン・スペースは、コルシカ生まれのシャンソン歌手にちなんで、ティノ・ロッシ公園と名づけられました。

作品の冒頭は、そのティノ・ロッシ公園にたむろする三人のティーン男子が、行き交う女の子たちに声をかけまくっている場面です。ただ主人公である白人のフランソワだけは、陽気にはしゃぐ友人たち（黒人と白人）をほほ笑んで見ている、という印象ではあるのですが。そして土手の縁石に座り込む三人の背景には、サン＝ルイ島とシュリー橋が見えていて、だからこそここがティノ・ロッシ公園だということが分かるようになっています。

彼らが最初に声をかけるのは、スレンダーで背の高い白人の女の子です。髪はブロンドのロング。ローライズのスキニージーンズのウエストからは、真っ赤なTバックがのぞいています。おしゃれとはほど遠い三人組は、まったく相手にされません。

次に彼らが注目したのは、東洋系の――映画内では「タイの」と言っています――女の子。膝上丈のスカートに、白いふわふわのジャケットを着ています。彼女は彼らに、中指

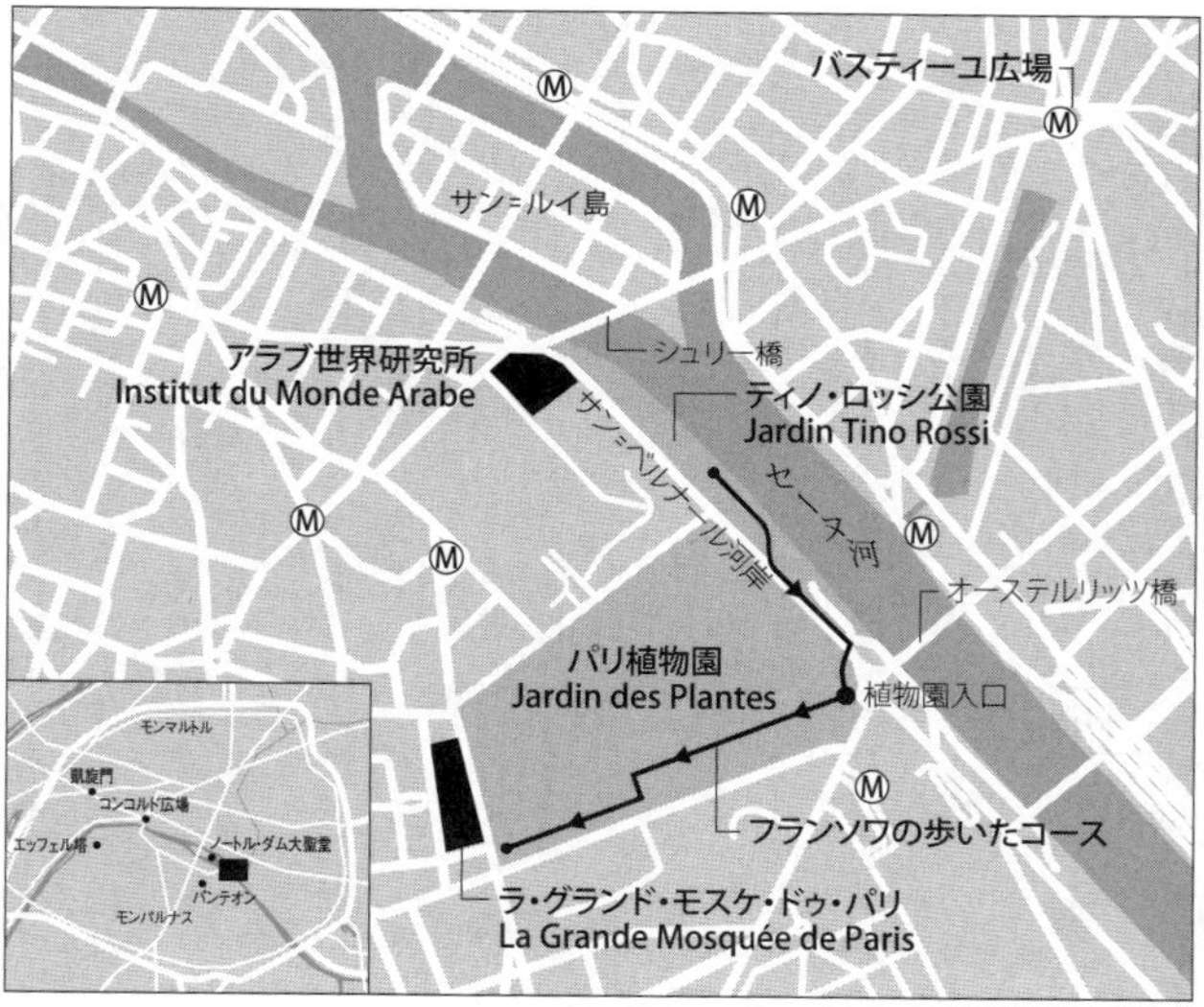

を立ててみせます。

懲りない三人組は、今度はきれいな黒人女性二人組にアタックします。が、「髭が生えてからおいで！」とあしらわれる始末。ただ彼ら自身、このセリフに大笑いするところなど、ちょっと可愛らしい（?）雰囲気です。

ところでここに、もう一人女の子がいます。三人組から少し離れて座り、一部始終を見ていた彼女もまた、黒人女性の言葉に笑みをもらします。そして彼女、ザルカは今立ち上がり、三人組の前を横切って歩き始めるのですが、あれだけうるさかった彼らが、今度は何の反応も示しません。ザルカの美しさは、誰の目にも明らかなのに、です。

ただそれには、はっきりした理由があるんです。

ザルカが身に着けているのは、体の線が出ないほどゆったりしたくすんだブルーのジーンズ、グレーのハイネック・セーター、そしてその二点以外は、黒いスニーカー、黒い鞄、黒いフード付きコート、そして黒いヘジャブです。そう、彼女はムスリム、しっかりヘジャブを着けた自覚的なムスリムなんです。

今物語が進行しているのはティノ・ロッシ公園なのですが、実はこの事実が、ここで一つはっきりしたニュアンスを帯びてくることになります。

ティノ・ロッシ公園は、セーヌ河に沿って八〇〇メートルほど延びているのですが、その起点はシュリー橋のたもとであり、終点は次のオーステルリッツ橋のたもとです。そして三人がナンパを続けるシュリー橋近くについて言うと、通りを挟んで公園と向かい合っているのは、あのアラブ世界研究所なのです。

一九八七年、アラブ文化の研究と発信を目的としてオープンしたこの研究所は、わたしたち日本の学生の間でさえ、当時ずいぶんと話題になりました。なぜなら、その建物があまりに斬新だったからです。

この建物のファサードには、二四〇枚の矩形パネル、カメラ・レンズの内部にも似た、折り重なる何枚もの金属板パネルが全面に設えられているのですが、実はこれ、熱を感じて開閉する仕掛けになっているのだそうです。そして建物自身は南西を向いているので、このパネルが太陽の熱を感じてその紋様を変えるたび、その影が廊下の床に描く模様もまた姿を変えていくわけです。竣工してから四半世紀以上経つ現在でも、この発想力には圧

上：アラブ世界研究所の屋上からシュリー橋を望む
下：シュリー橋から．右手がティノ・ロッシ公園

倒されます。デザイナーであるジャン・ヌーヴェルは、その後も光をふんだんに取り入れた新感覚の建物を発表し続け、彼の作品を集めた写真集なども刊行されています。もちろん現役で活動中です。

話を「セーヌ河岸」に戻すなら、今ティノ・ロッシ公園で繰り広げられている行きずりの恋模様を、アラブ世界研究所はずっと見守っていたことになります。つまりこのあたりは、パリのなかでも特にアラブ的なスポットの一つであり、作品「セーヌ河岸」は、その点をはっきり踏まえて撮られていると言えそうなのです。

インド系移民の子としてケニアに生まれ、その後イギリスで育った女性監督、グリンダ・チャーダは、この点に関連してこんな発言をしています。

パリの若い子たちを描きたかったの。ムスリムのパリ人、黒人のパリ人、白人のパリ人をね。それからパリが、どんなに多様な都市かっていうことも。〔……〕この脚本自体は以前から書きあげてあったものだけれど、フランスの未来、パリの未来についても、やっぱりひとこと言いたかった……。

なるほど。たしかに冒頭のシーンでも、浮ついた男の子たちの「ナンパ」のエピソードを通して、パリの多様性はとても分かりやすい形で表現されています。ヨーロッパ系、アジア系、アフリカ系、アラブ系……。ただ、「未来」というのは？　それは六分の後半部分にヒントがあります。

パリ植物園．奥に国立自然史博物館が見える

歩き始めたザルカは、三人の前を通り過ぎた後、なんでもない小石に躓《つまず》き派手に転んでしまいます。三人組のうち二人は笑い転げますが、一人フランソワだけは、駆け寄って彼女を助け起こします。いったん縁石に腰を下ろす二人。彼はヘジャブを被り直す手伝いをしながら、ふと訊いてみます、こんなきれいな髪なのに、どうして無理に隠すの、と。ザルカは答えます、これは自分の意志なの。ヘジャブを被っていると、信仰やアイデンティティーを持っているって感じるの。気分がいいし。だから少しはきれいになれるのかも。このこと、お友達にも教えてあげてね、将来のために。

ザルカは礼を言うと、「モスクへ」向かって歩き始めます。フランソワはしばらく茫然としていますが、突如弾かれたように立ち上がると、彼女の後を追い始めます。

ティノ・ロッシ公園を駆け抜けるフランソワ。彼はすぐに、広く美しい庭園、パリ植物園の前に出ます。その奥に堂々たる姿を浮かび上がらせているのは、あの国立自然史博物館です。走り続けるフランソワは、それでも進化大陳列館の整列する剝製たちや、迫力の恐竜などを思い浮かべたかもしれません。生物の進化そのものについて、とまでは言いませんが。

ただひたすら走るフランソワ。やがて彼は広大な敷地の奥の出口に到着します。そしてこのセーヌ側ではないほうの出口というのは……。

自然史博物館の敷地を通り抜けたフランソワが出会ったもの、それはなんと、わたしたちがクスクスを食べたあの「ラ・グランド・モスケ」でした。そうです、このあたりはアラブ地域だと書きましたが、アラブ世界研究所とラ・グランド・モスケは、植物園を挟んで阿吽《あうん》の呼吸を交わし合っている様子なのです（ここで画面に大写しになるのは、レストランのほうの「ラ・グランド・モスケ」なのですが、物語のなかでは、本物のモスクという設定です）。そしてしばらく待つと……、ああ、ザルカが現れました。ただし今度は、かなり年配の男性と一緒です。

ザルカたちは交差点を渡り、フランソワの前までやってきました。若い二人は挨拶を交わし、ザルカは祖父にフランソワを紹介します。祖父は孫を助けてくれた礼を言った後、しげしげとフランソワを眺め、それからザルカの腕をがっしり取ると、五歩六歩、歩き始めます。

しかしそのときです、老人は振り返りフランソワに尋ねるのです、一緒に帰るかい？と。フランソワの頬が緩みます。

祖父は、フランソワが大学で歴史を学んでいることを知ると、それは大事だよ、ときっぱり言います。実はザルカはな、ジャーナリスト志望なんだ、フランスについて語るのさ、彼女のフランスについてな……。

映画は、ザルカの祖父の来歴については語っていません。けれどもこの祖父が、戦後のある時期にフランスに移民してきたことはまちがいないでしょう。そしてなぜ彼（ばかりではありません）が、今ここパリにいるのかを理解したいと思うなら、歴史に耳を傾けるしかないのです。

グリンダ・チャーダはインタヴューにおいて、「フランスの未来、パリの未来」について語ろうとした、と答えていました。それはもちろんフランソワにとっての未来であり、ザルカにとっての未来でもあるでしょう。そしてこの「セーヌ河岸」が予言していること、それは未来が、ある混沌、混成のうちにしか存在し得ないだろうということなのです。だとするなら、そのとき必要になるのはやはり、「祖父」の生きた歴史を知ろうとする態度なのでしょう。なぜなら過去と向き合うそうした姿勢こそが、来るべき混沌を豊かにする揺り籠ともなるはずだからです。

7　ヘジャブを被る女性たちをめぐって——フランスの選択

わたしの仕事仲間の一人に、テレビでレポーターなども務めているメディ・ネカシュがいます。彼はアルジェリア系ですが、生まれも育ちもパリ、典型的な移民二世です。ムスリムなのでお酒は飲みませんが、一緒に食事をするのが楽しみな人です。

前章で扱った「セーヌ河岸」には、メディ同様マグレブ系のザルカが登場していました。彼女もまた、パリに住む移民二世（あるいは三世）なのでしょう。そしてこのザルカについて言えば、彼女が発した言葉のなかに、少し確認しておいたほうがよさそうなことが含まれていました。

ティノ・ロッシ公園で、ザルカがフランソワに話した内容、覚えていらっしゃるでしょうか？　どうして無理にヘジャブを被るの、と訊いたフランソワに対して、いやこれは自分の意志だ、ヘジャブを被っているからこそ、わたしは信仰やアイデンティティーを感じることができるのだと、ザルカは美しい瞳を輝かせたのでしたね。

このザルカの言葉には、実はある前提があります。つまり、ヘジャブは強制されたものであり、言ってしまえば、女性に対する差別や抑圧の象徴だと、フランソワ、あなたは考えているのでしょう？　というわけです。たしかにフランスには、ヘジャブをそんな風に捉えている人が多いようです。実際イスラームの男性にはそんな服装上の制約はないし、たとえば日本で、明日から女性のみ全員外出時は帽子を着用するように、などというお触れが出ることは、とても考えられません。イスラームの女性たちが男性と同等の自由を得ていないことについては、事実と言うほかないでしょう。

けれどもザルカは、このフランスで一般的な意見の、一番肝心なところを崩してしまいます。そうです、ヘジャブを選んでいるのは、まさに自分自身だと言うのです。もしそうなら、フランソワ的見方はまるでピント外れということになります。もちろんフランスにいるイスラームの女性たちすべてが、ザルカと同じように考えているとは思えません。それでもです、このザルカの声をフランソワ――この名前、実は「フランス」と同じ語源です。つまり彼は、「フランス」の擬人化なのです――がしっかり受け止めるなら、それは「セーヌ河岸」の監督、グリンダ・チャーダにとっても、作品を作った甲斐があったというものでしょう。

ただ……、もう少しだけ寄り道を続けさせてください。確かめておきたいのは、フランソワ的意見の背景についてです。

かつてフランスは一〇〇〇年以上キリスト教国だったわけですが、その時代、フランスの庶民は聖職者や貴族にさんざん搾取されてきました。そうしたことに対する積もり積もった怒りが一気に爆発したのが、あのフランス革命であり、だから革命以降、フランスは「キリスト教抜き」でやっていくことにしたわけです。いわゆる政教分離を進めたのですね。

そこで登場してくるのが、いわゆる「国民国家」といわれるものなわけですが、この革命以降の時代を根幹で支えたのは、デカルト以来の合理主義だったと言っていいでしょう。これなら、さまざまな宗教を含む「合理的ではないもの」から遠ざかるのに都合がよかったわけです。ただ植民地主義に見られるように、あくまでフランスにとって合理的なものを追求した面もあるわけですが。

イスラーム的生き方は、「フランス」にとって、この二大方針を満たしていないように見えました。つまり政教分離から遠く、合理主義的でもないというわけです。そこで自分たちがこの二〇〇年ちょっと続けてきたやり方を、イスラームの人にも求めるわけです。フランソワ的見方の背景とは、こういうことです。

ただ、こうした立派な看板は単なる口実であり、実際に意図しているのは移民イジメにすぎない、という指摘もあります。そうした意味で今のフランスは「偉大さを失った共和国」(三浦信孝)になってしまったというわけです。

なるほどそう言われてみると、なぜヘジャブのような可愛らしいものが標的になるのか不思議な気もしてきます。そして「ブルカ禁止法」(全身を覆ってしまうブルカ、目以外は見せないニカブなどについて、公共の場所での着用を禁じた法律)については、フランス国務院自身が、憲法上の根拠がないという答申をしていたにもかかわらず、二〇一一年四月、施行が開始されてしまいました。

美しいザルカの瞳に映った「フランス」は、まだ「偉大さ」をとどめているのでしょうか?

8　メトロ高架線の陰に息づく風景——バルベス＝ロシュシュアール駅

パリ二十区は、どこに行ってもマルシェ（市場）があります。ただそれらは毎日開かれるわけではなく、マルシェごとに開催される曜日が決まっていて、常設の、つまり屋根付きのものがあるかと思えば、どこからともなく出現する露天タイプもあります。またマルシェはそれぞれに「顔」があり、たとえば、自然食品が豊富、古着屋なら何軒も、アフリカ関係は充実、という具合に、それぞれに得意分野があります。

そしてマルシェは、スーパーでのように「ボンジュール」と「メルシー、オルヴワール（ありがとう、さよなら）」のみで事足りる空間ではありません。今日おいしいのはこれだね、三個なら安くしとくよ、これ試食してごらん……、こんな会話に満ちているのです。フランス語では、こうした雰囲気を指して「親しさ（convivialité）がある」と表現するのですが、この単語は一九七三年以降、社会学の術語として、「いきいきとした共生」という意味も持つようになっています。共生というもののごく素朴な形が、マルシェのにぎわいの内にあると言っていいのかもしれません。

さて、数あるパリのマルシェのなかで、今回わたしたちが訪れようとしているのは十八区、バルベスのマルシェです。日本の観光ガイドでは、その地名だけならまれに見かけることはありますが、実際の訪問を想定した紹介がなされることは、まずないようです。

バルベスは、メトロ二号線と四号線の交わる、バルベス＝ロシュシュアール駅を中心とする地域です。この長い駅名は、駅前で出会う二つの大通りの名前を組み合わせたものです。駅自体は、九区、十区、十八区の接点にありますが、バルベス地区といえば、十八区という印象です。バルベスという名は、ジョルジュ・サンドが「聖なる共和主義者」と呼んだアルマン・バルベス（一八〇九〜七〇）から取られています。彼は一八三九年、革命家として名高いブランキらとともに七月王政に対して反乱を起こしました。しかしこの蜂起は苦もなく鎮圧され、あわれバルベスは獄中の人となります。彼が釈放されるのは、一八四八年の二月革命を待たなければなりませんでした。一般に、こうした「革命派」の人たちの名前がつけられた通りは、パリの中心部には存在せず、周辺部ないし郊外に集中しています。そしてロシュシュアールのほうは、十七世紀にこの近くの修道院にいた修道女、マルグリット・ドゥ・ロシュシュアールから取られています。

バルベスはパリの代表的なアラブ地域の一つなのですが、まず立ち止まってつくづく眺めて欲しいのは、バルベス＝ロシュシュアール駅から延びるメトロそのものです。メトロ

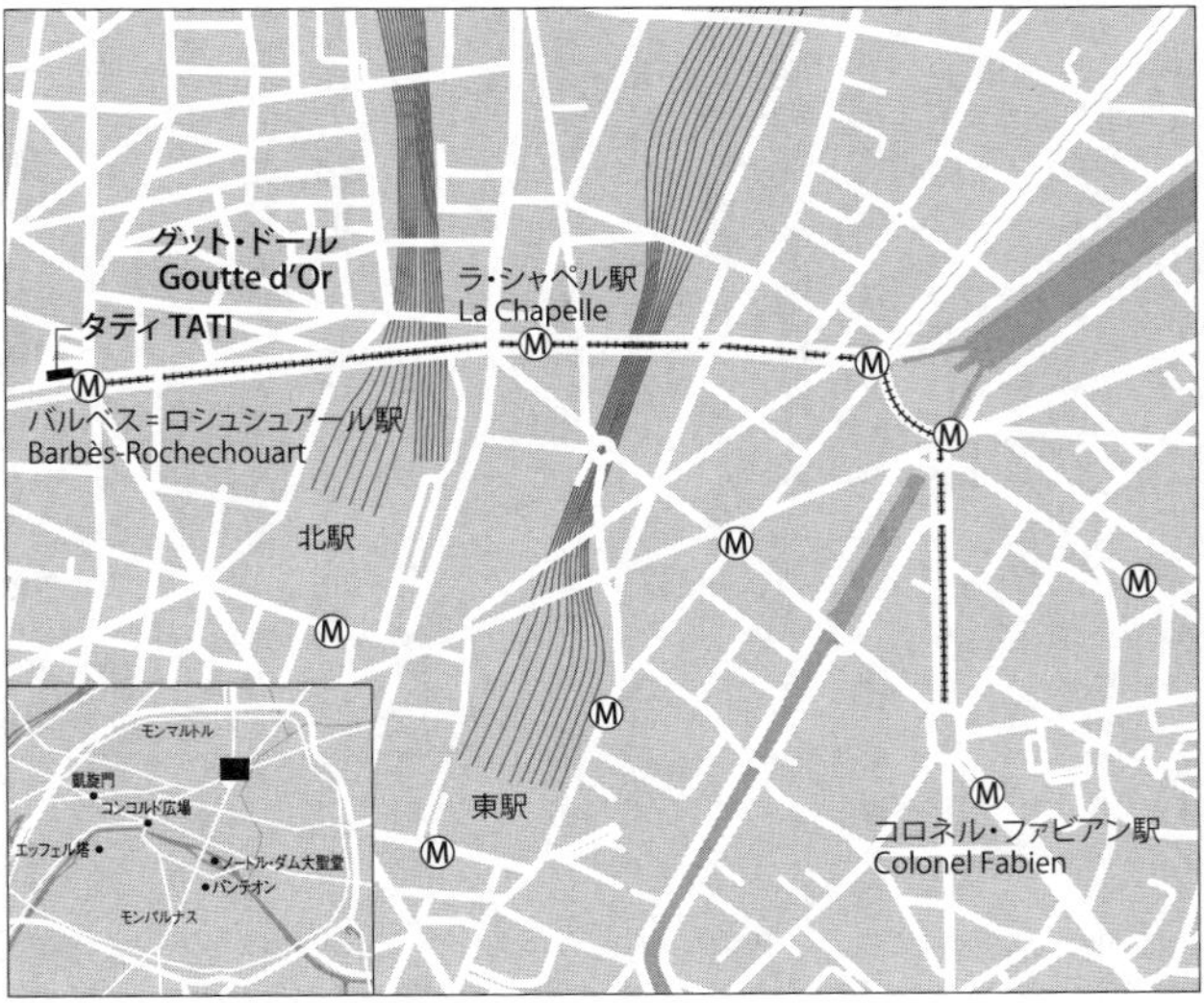

二号線は、このバルベス＝ロシュシュアール駅から四つ先のコロネル・ファビアン駅までが高架線になっていて、鉄橋が続くその景観は独特の雰囲気に包まれています。だからなのでしょう、このメトロの景観は数々の映画に登場しています。有名どころをいくつかご紹介するなら……。

　まずは主題歌の「枯葉」でも知られる『枯葉～夜の門～』（一九四六）。この映画の時間的舞台は一九四五年二月、つまりパリ解放から半年、けれどまだ戦争は続いているという特殊な状況です。闇市を目指すらしい人々でごった返すバルベス＝ロシュシュアール駅そのものから、物語は始まります。そしてこの雑踏のなかで、パン売りの娘は、未来の恋人と巡り合うのです。またラストでも、今度は若きイヴ・モンタンが、この駅の改札を通り抜けます（撮影そのものは、すべてセットを組み立てて行われました）。

そして夜の世界を描いた『チャオ・パンタン』（一九八三）。今はガソリン・スタンドで深夜の給油係をしている元刑事。たまたま仲良くなったユダヤ系アラブ人青年が「組織」に殺されたとき、彼はそれを見捨てておけず、箪笥の奥深くにしまってあった拳銃を取り出し……というフィルム・ノワールです。ガソリン・スタンドの窓からは、夜闇を裂いて走るメトロ二号線の輝く車両を見上げることができ、また早朝、元刑事と青年が肩を並べて歩くシャルトル通りの背景にも、高架を走る白と青の車体がはっきり映し出されていますす（現在は白と緑です）。名カメラマンとして知られるブルーノ・ニュイッテンは、この街の影の部分を時に艶やかに、時にマットに描いてみせます。

この作品の大きな特徴の一つは、麻薬がらみで殺されてしまう青年が、ユダヤ系アラブ人だということでしょう。こうした設定は、ヨーロッパ系白人が活躍する過去のフィルム・ノワールでは見られなかったものです。バルベスはアラブ人地区なのだと書きましたが、同時に複数のシナゴーグがあるような土地でもあるという事実が、ストレートに反映されているのでしょう。もちろん、監督のクロード・ベリ自身がアシュケナジム系ユダヤ人であることも、こうした演出と無関係ではないはずです。『サンドイッチの年』でヴィクトール役を演じたトマ・ラングマンは、実はベリ監督の息子なのですが、そういえばトマがプロデューサーを務めたフィルム・ノワールのヒット作『ジャック・メスリーヌ』（二〇〇八）も、バルベスから東に二キロほど行ったクリシーの、さびれたカフェからすべてが始まっていました。

メトロの車窓から．シャルトル通りとサクレ＝クール寺院

ヒット作というなら、リュック・ベッソンの『ニキータ』（一九九〇）にも触れておくべきでしょう。映画の冒頭、ニキータを含むジャンキー五人組は、銃やナイフを携えてある薬局の襲撃に向かいます。狂気を帯びた彼らの進軍。そして夜闇に閉ざされた五人の行く手には、あのバルベスの高架線が浮かび上がるのです。

こうした映画に登場するメトロの景観は、映画そのものの雰囲気に決定的な刻印を押していると言えるでしょう。それほどこの景観は十八区と結びついているのですが、できればメトロに乗りこみ、車窓からの風景も楽しんでみたいところです。二〇〇一年に制作された映画『マリ人、ファトゥー』のオープニング・クレジットでは、まさにこの車窓から見える十八区の街並みが映し出されます。美容師になることを夢見ている少女ファトゥーは、バルベスに住んでいるのです……。

バルベス＝ロシュシュアール駅西口の目の前には、パリを代表するディスカウント・ストア、「タティ」（TATI）もあります。最近はパリでも、一〇〇円ショップならぬ一ユーロ・ショップをときどき見かけますが、この「タティ」はその元祖のような存在。インテリア小物、キッチン回り、子供用品、化粧品、洋服、そして大量のアクセサリーまで、キッチュで実用的なものがあふれる空間です。

この「タティ」の創業者であるジュール・ウアキは、一九二九年、チュニジアのユダヤ人家庭に生まれました。チュニジアは、すでに一八八三年以来フランスの支配下にあり、この支配は第二次大戦まで続くことになります。実際ジュールも、十代の四年間、ド・ゴール率いる「自由フランス」のために戦いました。ただ、一九四二年のチュニジアを舞台にした映画『花嫁たちの歌』（Le Chant des Mariées）には、「ナチス・ドイツがフランスを追っ払ってくれたら！」と叫ぶ庶民が登場してもいましたが。

そして戦後まもない一九四六年、まだ十七歳だったジュールはフランスに移民。驚かされるのは、早くもその二年後に「タティ」を開店させていることです。その後「タティ」は、格安のウェディング・ドレスを大ヒットさせたり、ジュールの死後は跡目争いがあったり、資金不足に陥ったりと、時代ごとの浮き沈みはあったものの、今もバルベスのホット・スポットの一つであるのはまちがいありません。

ラ・シャペル駅のホームから．バルベス方向を望む

ところでこの「タティ」の前の角では、いつもいろんなチラシが配られているのですが、あるとき恭しく手渡された小さなチラシには、「霊媒透視者、祈禱師シャルル！　正確で詳細な透視、すごい評判です！」とありました。取り扱い内容は、「恋愛、結婚、学業、試験、商売、性のお悩み、運転免許……」と、人間生活に関わるすべてを対象としているようです。描かれたシャルルは、帽子を被った黒人男性。一二の星座を表すイラストに取り囲まれ、薄くほほ笑んでいます。祈禱師の

存在は、決して珍しいものではないようです。

そして取り扱い内容のなかにあった「運転免許証」。実はこれ、特にイスラームの女性たちにとって、「自由」の象徴の一つとなっているようです。シリーズ化されている人気映画『アイシャ』には、免許証取得に涙して喜ぶ年配の女性が登場していました。彼女はパリ郊外、ボビニーに住むムスリムです。

というわけで、お待たせしました、ついにバルベスのマルシェに突入です。

9　アラブの眩暈——バルベスのマルシェ

バルベスのマルシェは、メトロ二号線の高架の下、ラ・シャペル大通りに沿って延びています。マルシェが開かれるのは水曜日と土曜日の午前中。パリで最も活気があり、そしてパリで一番安いともっぱらの評判です。

マルシェの始まりは、バルベス＝ロシュシュアール駅の東口を出た目の前です。店は通路の両側にびっしり並び、荷物を抱えた人たちがその間を埋め尽くしています。朝の山手線ほどではないにしろ、夜の渋谷センター街よりは込み合っているでしょう。このあたり、まちがいなくパリは燃えています。

人の流れにダイブしてみると、聞こえてくる呼びこみの声はフランス語だけではありません。「ヤンラー、ヤンラー！」と聞こえるのは、アラビア語の「いらっしゃい！」にちがいありません。

店先をのぞきこんでみると、ジャガイモ、トマト、アーティチョークなど、わたしたちにも馴染みの食材に混じって、自家製ハリッサ（北アフリカの唐辛子ペースト）やタラマのペースト(「フロランス・フィンケルシュタイン」でも食べましたね)、そして何種類ものオリーブや豆、魚、エキゾチックな色のフルーツなども並んでいます。しかもこれが、たしかに安い。たとえばある店では、かなり大きな、東京で買ったら三五〇円はしそうなパン・ド・カンパーニュが、一個なら〇・九五ユーロ、三個なら二・六ユーロです。

また衣料品を扱う店も少なくありません。なかには、色とりどりのヘジャブがズラリと並んでいる店もあります。シャンゼリゼやオペラ界隈ではついぞお目にかからないこういう風景を見ると、やはりここはアラブ系が強いマルシェなのだという思いを深くします。そしてお客さんたちはと言えば、もちろんアラブ系、特にマグレブ系の人たちが多いのはまちがいありませんが、同時にアフリカ系の人も白人も、みんな肩をぶつけ合いながら買い物をしています。

そして昼近くなるにつれ、さらにごった返す人の流れのなか、喜捨を求める老人が立っていたり、脚の立たない人の乗る平台車が突如通り過ぎたりもします。けれども弱者にやさしいイスラーム文化のゆえでしょうか、誰もイヤな顔などしません。ムスリムにとって、喜捨は身近な善行でしたね。

それにしてもこのバルベスのマルシェ、もし一言で表せと言われたら、わたしなら「眩暈《めまい》!」と答えるでしょう。これこそが、都会のマルシェの醍醐味です。

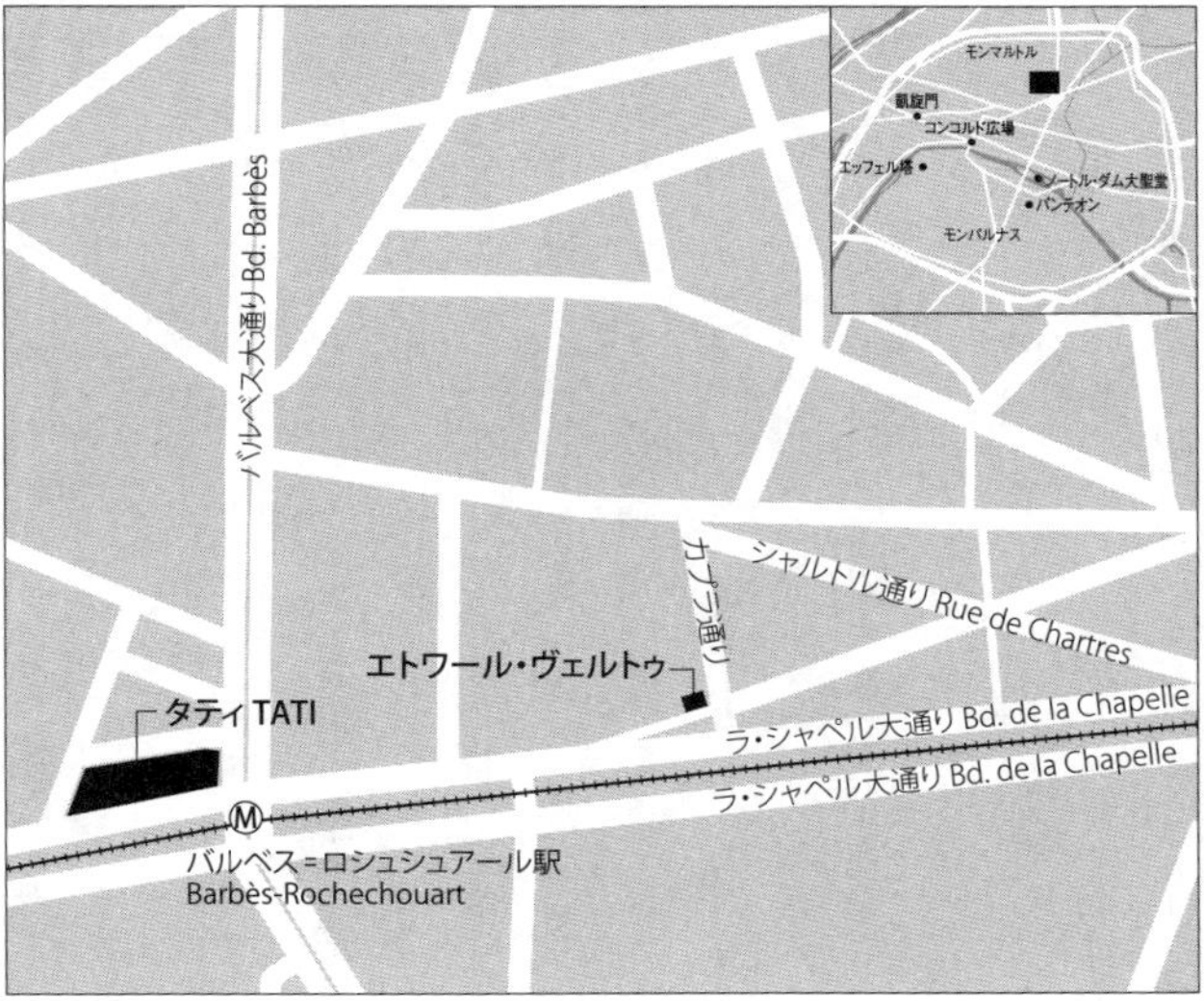

さて、マルシェの混沌を堪能したら、さすがに近くのベンチで一休みしたくなります。でもせっかくですから、先ほど見かけたアルジェリアお菓子の店で、何か買ってつまみながらにしましょうか。というわけで高架に沿うラ・シャペル大通りを少し戻ると、カプラ通りとの小さな交差点に、ありました、外装はだいぶ傷んではいるけれど、可愛らしいお菓子が並ぶパティスリ、その名も「エトワール・ヴェルトゥ」（緑の星）です。迎えてくれたのは若いアラブ系の店員さんでした。

「アルジェリアの国旗、飾ってるんですね？」

「そう。ここの主人がアルジェリア系なんだ」

「あなたも？」

「いや、ぼくはモロッコ出身」

そうだったんですね。

「アルジェリアとモロッコで、お菓子に違いがあるんですか？」

「そうねえ、あんまりないね。でもたとえば……」

彼は手を伸ばし、ガラスケースの上に並べられた白い三日月型のお菓子を指さしながら、

「これは〈ガゼルの角〉。モロッコのお菓子さ」

ガゼル、アフリカの砂漠を疾駆する美しきガゼル！　たしかモロッコ領内のサハラ砂漠を八日間かけて走り抜ける女性だけのラリーも、「ガゼル・ラリー」と呼ばれていたはずです。タフでしなやかな女性、それがガゼルのイメージなのでしょう。フランス語圏であるカナダ・ケベック州で活躍する歌手リンダ・タリー（Lynda Thalie）の代表曲にも、ずばり「ガゼル・ラリー」（Rallye aïcha des Gazelles）がありますが、その曲のなかでも女性たちは、美しく強いガゼルとして描かれていました。リンダ自身はアルジェリア系です。

そしてマルシェ脇のベンチに戻り、買ったばかりの〈ガゼルの角〉の、ねっとりした優しい甘さに身をゆだねていたときのことです。通りかかるアラブ系の男性たちが、次々に

「オー、ボナペティ！」（よい食欲を！）と笑いながら声をかけてくれます。その数が不自然なくらい多いので、特に気のよさそうな一人に理由を尋ねると、「俺たちは食べられないんだよ、ラマダン中だからさ！」と教えてくれました。

ラマダンとは、イスラームの人たちが昼間は断食する期間を指すわけですが、コーラン

上：バルベスのマルシェ．土曜午前中の混雑ぶり
下：「エトワール・ヴェルトゥ」の店内には菓子が並ぶ．右端が〈ガゼルの角〉

のなかの神はなかなか寛大で、病気中、妊娠中、旅行中だったらしなくてもよい、それにそもそも、できないなら別の時期でも構わない。それでもできないなら、貧しい人に施せば、それをラマダンの代わりにしてもよい、と言ってくれています。話の分かる神様だと言えるでしょう（とはいえアラブの父親は、娘が連れてきた恋人に対して、おまえはちゃんとラマダンをやっているのか？　などと訊くこともあるようですが）。

そういうつもりで近くのレストランを眺めてみると、たしかに「ラマダン中につき休み」や、「夜にはラマダン・ディナーをご用意してお待ち申し上げます」などの張り紙を掲げている店があります。声をかけてくれたおじさんたちも、日没後にはこんな店で盛り上がるのでしょう。

ところで先ほどのお菓子店「エトワール・ヴェルトゥ」ですが、実は店内の一角には、サッカーのアルジェリア・ナショナル・チームのユニフォームと並んで、相当な数のＣＤが取り揃えられていました。聞けばこの店、かつてはＣＤショップだったそうです。そしてそこには、あの「オルケストル・ナシオナル・ドゥ・バルベス」（Orchestre National de Barbès・以下ＯＮＢ）のＣＤもありました。

一九九六年に結成されたＯＮＢは、「バルベス国立オーケストラ」というその名前とは裏腹に、国立でもなければクラシック音楽を演奏する団体でもありません。れっきとしたマグレブ音楽バンドである彼らは、総勢一一人。出身地はマグレブだけではないようですが、ここバルベスでバンドを結成したという事実こそが、彼らを結びつけているのでしょう。彼らにとっての「国」とは、フランスではなく「バルベス地区」なのです。

ONBのアルバム『ランデヴー・ア・バルベス』のジャケット

そしてＯＮＢのアルバムを聞いていると、彼らの言う「バルベス」のイメージが少しずつはっきりしてくる気がします。ギター、ギターに似たガンブリ、アコーデオン、何種類ものパーカッション、カスタネット……。北アフリカの民族音楽グナワなどを思わせる曲、レゲエ、サルサ、なかにはストーンズの「悪魔を憐れむ歌」の（フランス語とアラビア語による）カヴァーまであって。この「坩堝《るつぼ》」感こそ、ＯＮＢの、そして「バルベス」という土地の本領と言っていいのでしょう。

実は彼ら、ＮＨＫの「アメイジング・ヴォイス」という番組で取り上げられたこともあります。メンバーの一人は、その番組のなかでこう語っていました。

バルベスは革新的な場所なんだ。何かが動き出す場所っておもしろいだろ。だからぼくらは今でも、「バルベス」を名乗ってるんだよ。

昔この地区は閉鎖的で、ぼくらもマグレブ系の店でしか演奏できなかった。でもそのあと、フランスに来たマグレブ系の移民たちが自己主張したいと考え始めて、ぼくらに出番が回ってきた。今じゃどこへでも呼ばれるよ。

彼らの音楽は、あくまで「パリ化」されたマグレブ音楽であって、マグレブの本流を目指すものではない、という見方もあります。でも、それでいいのだろうとわたしは思います。なぜなら彼らはパリの、バルベスのバンドなのですから。

ONBの最新アルバム『ランデヴー・ア・バルベス』は、二〇一〇年に発表されました。その洗練されたジャケットの裏表紙に描かれているのは、あのメトロ二号線の高架なのです。

Ⅲ 混沌の街を歩く——アフリカ人街

10 小説『居酒屋』の舞台となった場所――グット・ドール地区

カオスのようなにぎわいが魅力的なバルベスの名は、日本語のガイドでもちらりと触れられていることがあります。ただ、パリではこのバルベスと肩を並べるくらい知られているグット・ドール地区については、ほとんどその名前さえ見かけることがありません。このグット・ドール地区は、バルベスと隣り合っていて、ほとんど境界もあいまいなのですが、その雰囲気ははっきり別のものです。

バルベスのマルシェがあるラ・シャペル大通りは、今でこそ十八区と十区の境界となっていますが、オスマンのパリ改造以前、そこには徴税請負人の柵が張り巡らされ、「パリ」と「パリ以外」を分割する境界線となっていました。そしてこのラ・シャペル大通りの一五〇メートルほど北側（パリの中心から見れば外側）をほぼ並行して走るのが、グット・ドール通りです。今回は、この通りを中心に広がる地域を歩いてみましょう。

グット・ドール（Goutte d'Or）というのは、直訳すれば「金のしずく」。かつてこの地域にはブドウ畑があり、かなり質のいいワインを出荷していたそうです。そのワインのしずくが、このグット・ドールという地名に繋がったわけですね。

グット・ドール通りと言って真っ先に思い出されるのは、やはりエミール・ゾラの『居酒屋』でしょう。ゾラは今も、フランスを代表する国民的作家の一人です。長い物語のほぼ全編、ジェルヴェーズもクーポーもマダム・フォーコニエも、ほとんどすべての登場人物たちが、このグット・ドール界隈にとどまっています。引用箇所はいくらでも見つかるのですが、たとえばここはどうでしょう。恋人と一緒にマルセイユ近郊からパリにやってきたジェルヴェーズが、その身勝手な恋人に捨てられた後、新しく出会ったクーポーと新生活を開始しようとする場面です。

グット・ドールのヌーヴ通りに住めることそのものが、二人の喜びの大部分を占めていた。そこに暮らしているおかげで、ジェルヴェーズはしょっちゅう自宅とマダム・フォーコニエの店を行き来できた。〔……〕家の前の坂の上のほう、つまりグット・ドール通りのほうに並んでいたのは、窓の汚れた薄暗い商店、靴屋、樽屋、いかがわしい食料品店、倒産したワイン屋などだった。何週間も前から閉まりっぱなしのワイン屋の鎧戸は、貼りつけられたポスターに埋もれていた。（拙訳）

一三〇年前のグット・ドールの、ややくすんだ雰囲気がよく伝わってきます。そして引用した部分の最初に登場する「ヌーヴ通り」、このたった一〇〇メートルほどしかない短い通りは、ゾラが『居酒屋』の連載を終えたまさにその年（一八七七）に、「イスレット通り」と名前を変えました。このイスレット通りは、実はラ・シャペル大通りとグット・ドール通りを南北に繋いでいるのですが、バルベス＝ロシュシュアール駅の東側出口からなら、ほんの目と鼻の先です。そしてこの短くゆるやかな坂道の途中には、なにやら大きめの凹んだ空間があり、通りに沿ったその壁をふと見上げてみると、なんと Place de l'Assommoir（『居酒屋』広場）と書いてあります。ここにジェルヴェーズは住んでいたのですね。

ただ正直に言えば、この広場自体はなんということもありません。とはいえ、バルベスのマルシェの後に立ち寄ってみれば、やはり「この界隈」のにおいが立ちこめている気がします。

ではここで少し、この地区の歴史を簡単に整理しておきましょう。やや図式的になりますが、『居酒屋』が発表された一八七〇年代後半を意識しながらまとめてみます。

まず革命前の一七八四年、パリに徴税請負人の柵が巡らされました。これはその名の通

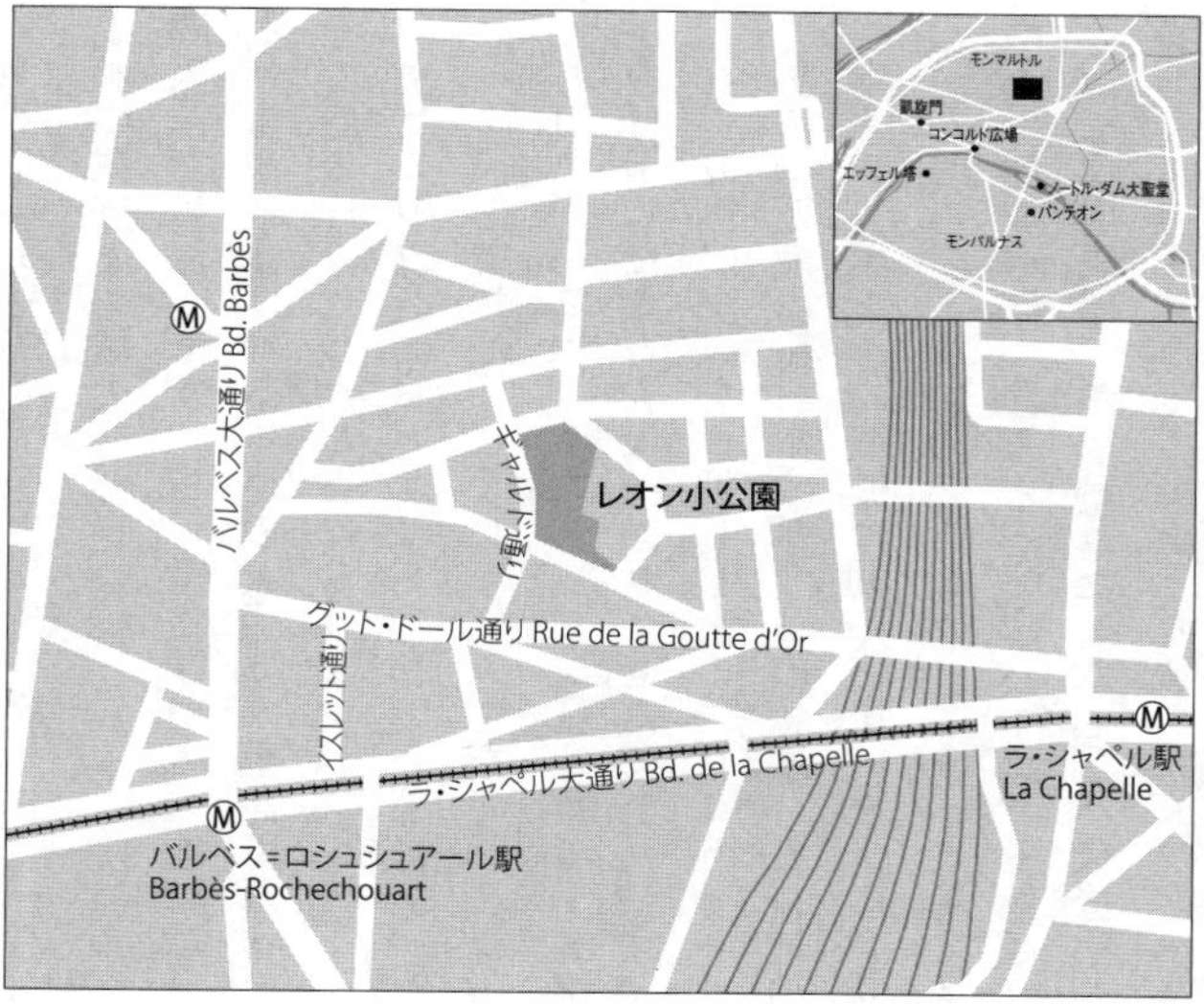

り、パリへの入市税を徴収するための関所として造られたわけですが、この柵の北側に接して広がっていたグット・ドール一帯は、「パリ」の外側に位置していたことになります。当時パリの人口は、六五万人程度でした（「パリの城壁」参照）。

その後パリは結核（一八二三）、天然痘（一八二九）、コレラ（一八三二）などに襲われながらも、着実に人口を増やしてゆきます。そして一八四一～四五年には、周囲三四キロに及ぶティエールの城壁が築かれ、バルベスも城壁の内側に入ることになりました。一八五〇年代に入ると、セーヌ県（パリとその周辺を含む地域）知事であるオスマンによる大規模なパリ改造が始まり、一八六〇年一月一日、パリの行政範囲をティエールの城壁まで拡大したため、このグット・ドールも（バルベスも）晴れて「パリ」の仲間入りを果たします。古い徴税請負人の柵は取り壊され、その跡地を利用して外郭ブールヴァールと呼ばれる一連の大通りが敷設されました。先に触れたラ・シャペル大通りは、その内の一本だったことになりますね。

またこの改造においては、パリ中心部にあった不衛生で過密なスラムを一掃することも計画の一部でした。こうして住み処を奪われた労働者たちは、区画整理された新しい街に住む財力があるはずもなく、ほとんどがより家賃の安い周辺部へ移り、当然グット・ドールを目指した人も少なくありませんでした。すでに北駅や東駅が徒歩圏に開業していたことも、彼らの決意を後押ししたのでしょう。パリの人口は、一八六六年には周辺部を含めて一八〇万人に達しますが、この急激な人口増加のなかでも、特に小郊外——徴税請負人の柵とティエールの城壁の間のバームクーヘン状の地帯——の増加率は群を抜いていました。もちろん基準になる人口が少なかったせいもありますが、一八三一〜五六年の小郊外の人口増加率は、なんと六〇〇パーセントを超えていたのです。

次に『居酒屋』が書かれた一八七〇年代後半から八〇年代。この時代は、まさに主人公ジェルヴェーズがそうであったように、グット・ドールはフランスの田舎から出てきた人たちが最初に住みつく場所の一つでした。家賃の安さだけでなく、先発してこの地区に根づいていた親戚縁者の存在も無視できないでしょう。また、これが大事な点ですが、ここでは仕事を見つけることができたのです。資本主義がしだいに速度を上げ始めるなか、周辺部にあった工場は労働力を必要としていました。

けれどもその後二十世紀に入ると、今度は外国人労働者の波が押し寄せることになります。特に第一次大戦後は、スペインやイタリア、ベルギーなどのヨーロッパの国々からの移民が増えてゆきます。そして第二次大戦後の一九五〇年代、ついに今のグット・ドールの雰囲気を決定している、マグレブからの移民が急増します。彼らもやはり、このグット・ドールのような中心部から外れた家賃の安い地域に住み、その後家族を呼び寄せたのです。こうしてアラブ人向けの店などが増えてくると、たとえば買い物のためにでも、ここ

グット・ドール通りの「中洲」．アラブ系男性たちのたまり場

を訪れるアラブ人が増え、その結果この街のアラブ性はより強まっていったのでしょう。ただ一九六〇年代以降には、前にも述べた通り、次第に西アフリカやサハラ砂漠以南のブラック・アフリカからの移民も増えていき、彼らの存在ももちろん今のこの地域に影響を与えています。

こうして見てみると、このグット・ドールに降り積もった時間の層が、じわじわ伝わってくる気がします。「荒れたゲットー」というような、手垢まみれの言い回しを振り回す評論家もいますが、そんな言葉で一括りにするにはあまりにもったいない地域です。

さあ、街に出ましょう。

まずは再び、バルベス＝ロシュシュアール駅まで戻ります。そこからバルベス大通りを一五〇メートルほど北上したところで右手を見ると、そこから東にスルスルッと延びているのがグット・ドール通り。この通りを一〇〇メートルも進めば、さきほど訪ねたばかりのイスレット通りが顔を見せます。イスレット通りは、グット・ドール通りにぶつかって終点になるわけです。

さらに進むと、今度は変則的な交差点に差しかかります。ここにあるY字路中央の中州（のようなもの）あたりには、いつでもアラブ系のオジサンたちがたむろしています。そして右手の角にある肉屋さんには「ハラル」の表示が。「ハラル」とは、イスラームの教義に則って処理された肉のことで、このあたり、「ハラル」表示はまったく珍しくありません。

レオン小公園．ひときわ目立つペインティング

オジサンたちの憩いの場所を通り過ぎたら、今度は左に、つまりギャルド通りを北に上がっていきましょう。すると一〇〇メートルも行かないうちに、きれいな緑地帯の前に出ます。レオン小公園です。

どうぞ写真をご覧ください。レオン小公園沿いの建物の壁面には、ブドウの粒をモチーフにした幻想的な物語が描かれています。最も大きな左端の絵では、空から大地へ、パステル色のブドウの粒々がさらさらと滑り落ちています。もちろん「金のしずく《グット・ドール》」をモチーフにしたものでしょう。

このレオン小公園の中央には、古くから住民たちの生活道路にもなっている小道が走っているのですが、もとはと言えばこの小公園自体、この小道を中心に整備されたものだそうです。高くネットを巡らせたフットサル・サイズのグラウンド、何種類かの遊具を揃えた子供たちのための空間、さらには、ヨチヨチ歩きの幼児のための、可愛らしい滑り台を設えた場所もあります。ゆったりして、それでいて生活に近い空間、できたら自宅の傍らにもあって欲しいような公園です。

ところでこのレオン小公園の、今は遊具が並んでいるあたりには、つい最近まで野外ステージがありました。そして二〇〇五年六月三〇日、マリ出身の盲目のデュオ、アマドゥー&マリアムのコンサートが、まさにこのステージで行われたのです。ライヴDVD『パリ＝バマコ』を見ただけでも、雨中のコンサートの熱気が迫ってきます。アフリカ系とヨーロッパ系で二分される観客たちはもちろん総立ち、ステージ近くでは、アフリカの民族衣装に身を包んだ女性たちが華やかに踊っています。ゲストには、アマドゥーたち同様マリ出身のスーパースター、あのサリフ・ケイタも。

アマドゥー&マリアムは、フランス語とバンバラ語（マリの最大民族集団であるバンバラ人の言葉）で歌っているのですが、アフリカ系の観客の多くはどちらの言葉も理解しているようです。このあたり、アラブ系の住民ももちろんいますが、やはり主流はアフリカ系、特にマリ出身者が多いようです。アマドゥーが「今日はマリ人のパーティーだ、グット・

ドール地区のマリ人の！」と叫ぶのも、そんな事情が反映されているのでしょう。

　現在マリがある地域には、かつてガーナ王国が、十三世紀にはマリ帝国が、十五世紀にはソンガイ帝国が、金を中心とした貿易で栄えていました。その後もいくつかの小王国が生まれたものの、十九世紀には武器を持ったフランス人が侵略、一八九〇年にはフランス領スーダンを、その五年後には「フランス領西アフリカ」（ＡＯＦ）を成立させます。このＡＯＦには、現在のマリ（フランス領スーダン）やセネガル、モーリタニア、コート・ジボワール、ベナン、ブルキナ・ファソなど、広大な土地が含まれることになりました。そしてマリが独立を果たすのは、戦後の一九六〇年を待たなければなりませんでした。[*1]

　さて、もう少しだけ歩きましょう。

　公園沿いの、壁面にブドウが描かれた建物の裏手には、ある「事件」の記憶をまとった建物が控えています。サン＝ベルナール教会です。

　この教会の建設が決まった一八五四年は、先ほども登場したオスマン知事の時代でした。パリ改造に伴い、グット・ドール地区は「パリ」に編入され、「十八区」となります。そしてその結果、この地区にも教会を建てる計画が持ち上がったわけです。設計者はオーギュスト・マーニュ。建築家一族に育った彼は、この地区の新教会、サン＝ベルナール教会に、フランボワイアン（火炎）ゴシック様式を採用しました。

とはいえこの「火炎」、素人目にはそんなに派手な炎には見えません。そうです、炎というならむしろ、あの「事件」のほうでしょう。それは一九九六年に起こりました。主役は、マリ出身者を中心とした三〇〇人のアフリカ系移民でした……。

11　不法滞在者たちと灼熱のマルシェ——サン＝ベルナール教会からシャトー・ルージュまで

グット・ドール地区のオアシスとも言えるレオン小公園、その裏手の高台に控えるサン＝ベルナール教会で、かつて忘れられない「事件」が起こりました。その事件のキーワードは「サン・パピエ」(sans-papiers「身分証明書類なし」＝不法滞在者)です。

ことの発端は、一九九三年のいわゆる「パスクワ法」成立でした。この法律は、それまで認められていた移民労働者の「正規化」を閉ざすものだったため、結果として多くのサン・パピエを生み出すことになりました。そして三年後の一九九六年三月、高まった不満はついに形をとります。マリ出身者を中心とするアフリカ系移民約三〇〇人が、サン＝ベルナール教会に立てこもったのです。三〇〇人全員に滞在許可証を！　それが彼らの要求でした。

「それはもう大変なことだったよ」

わたしが教会を訪ねたとき、年配の案内係の男性は話してくれました。

「ハンガー・ストライキをしていたんだが、女性も子供もいてね。教会のなかで出産する人までいたんだ」

マスコミの注目が集まるなか、応援に駆けつけた著名人（前大統領ミッテランのダニエル夫人、女優のエマニュエル・ベアールなど）もいましたが、政府の反応はきわめて冷淡なものでした。そして八月二三日、ついに機動隊が出動。教会のドアをたたき壊し、催涙ガスを使って強制排除を決行しました。

この「暴力行為」が報道されるや、アラン・ジュペ首相に対して非難が集中し、翌年、ジュペ内閣は倒れることになります。

「機動隊は、どの扉を壊したんですか？」

「どれって、正面の扉だよ。一番大きな正面の扉さ。今ある扉は、後になって彼らがつけ替えたものだよ。ほら、よく見ると新しいだろ？」

古く見えるような処理が施されているものの、たしかに木そのものの新しさは隠しきれません。

「九六年の後、変わりましたか？」

「変わったところもあれば、変わらないところもある。たとえばシャトー・ルージュあたりには、まだまだサン・パピエはたくさんいるし」

シャトー・ルージュ。それはここサン＝ベルナール教会から歩いても五分ほどの地区で

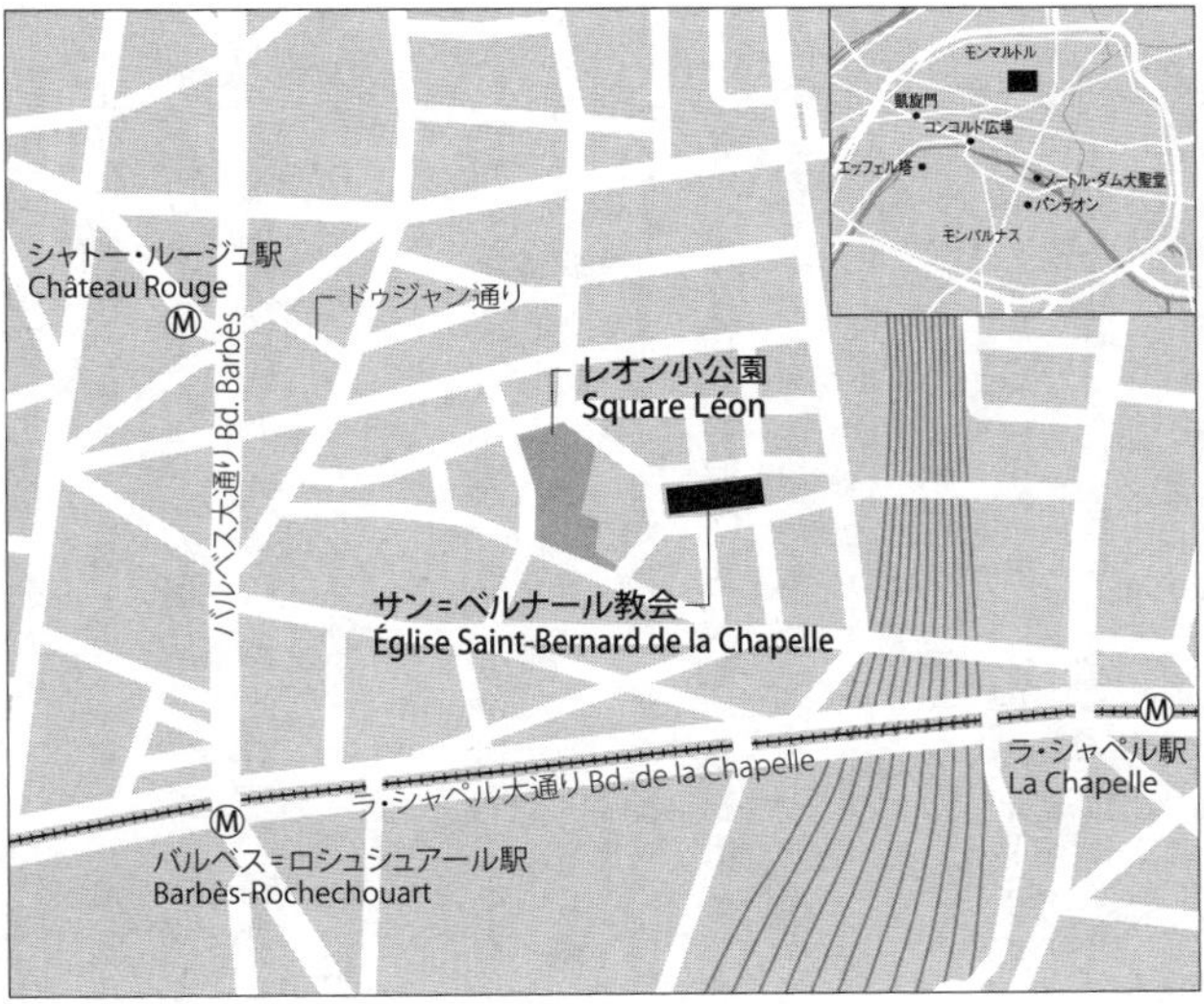

す。次のわたしたちの目的地が決まったようです。

ただシャトー・ルージュに向かう前に、ここで一つだけ、サン＝ベルナール教会と縁の深いヴィデオ作品を紹介させてください。作品のタイトルは「風呂敷包みトラック－移住者（Bottari truck-migrateur）」[*1]。制作したのは、現代アート作家のキムスージャ（Kimsooja）です。彼女は一九五七年に韓国のテグに生まれ、今はニューヨークで暮らしています。

すでに三〇年以上のキャリアを持つキムスージャの仕事について、簡単に要約することなどできませんが、少なくとも一つ、彼女が「布」を大事にしてきたことは確認しておいてもいいでしょう。布——赤ん坊を包む布。さまざまなデザインが施される布。縫い合わされ、服となり、世界中で着続けられる布。人の眠りを包み、夜の生活を見続けるベッド・カバーもまた、布……。「風呂敷包みトラック-移住者」の場合もまた、さまざまな出自をかかえた布が主役となっているのですが、まずはこの一〇分ほどの作品の内容を追ってみることにしましょう。

作品冒頭、キムスージャはパリ郊外のとある美術館にいます。県民の七〇パーセントがムスリムであるというヴァル・ドゥ・マルヌ県にある、瀟洒《しょうしゃ》な現代美術館です。彼女の前には白い小型トラックがあり、その荷台には数え切れないほどの「風呂敷包み」が山積みされています。風呂敷の色や柄や素材はバラバラで、不均衡で、かつ美しいものです。キムスージャがこの風呂敷包みのてっぺんに跨ると、トラックは静かに動き出します。目指すは西北、つまりパリ市内です。

トラックはまず、十三区の中華街を貫くショワジー大通りを走り抜け、あのラ・グランド・モスケ・ドゥ・パリ、アラブ世界研究所を通りすぎ、ティノ・ロッシ公園を見下ろすシュリー橋を渡り……、見えてきたのは、ああ、バスティーユ広場です。この広場がフランス革命発端の場所であることは、言うまでもないでしょう。

そしてトラックはそのまま北上し、マリアンヌ像に守られた共和国広場までやってきました。共和国（レピュブリック）とは、ここではまさにフランス共和国のこと、大革命によって生まれ、長年多くの政治難民を受け入れ、さらに彼らを共和国のメンバーとして遇してきたフランスのことです。そして、このあたりでわたしたちは気づくわけです、トラックの走る道筋が、パリで行われるデモ行進の定番のコースと重なっていることに。けれども、トラックが向かう最終地点は意外な場所でした。共和国広場を離れたトラックは、マジャンタ大通りを北上した後、バルベス大通り、グット・ドール通りに寄り道し、そうです、サン＝ベルナール教会に到着するのです。

サン＝ベルナール教会．フランボワイアン・ゴシック様式

ヴィデオはここで、トラックが教会に到着したところで終わります。バスティーユ広場〜レピュブリック広場〜サン＝ベルナール教会。フランス革命〜共和国〜サン・パピエ。美術館から始まったこの「象徴的な

旅」（キムスージャ）は、九六年の「事件」と合流して終わるわけです。

キムスージャが表現しようとしているのは、狭い意味での移民問題ではなく、もっと広くて深い「人間」の問題、アイデンティティーの問題なのでしょう。けれども、その「人間」を問題とするためにこのサン＝ベルナール教会が選ばれたことを、わたしたちは知っていてもいいかもしれません。

さて、パリ巡りに戻りましょう。次の訪問先は、そう、シャトー・ルージュでした。バルベス＝ロシュシュアール駅からなら、バルベス大通りに沿って四〇〇メートルほど北上したあたり、メトロ四号線シャトー・ルージュ駅の周辺一帯が、わたしたちの目指す場所です。そして今回ばかりは先に結論を言ってしまうなら、シャトー・ルージュは圧倒的にアフリカ系の人たちが多い地区です。そしてまちがいなく、パリ有数のホット・スポットです。

シャトー・ルージュ駅の変則的な五差路を右手に（東に）入ると、すぐにドゥジャン通りの入り口に差しかかります。たとえばバルベスのマルシェが開催される土曜日の午前中など、このドゥジャン通りのにぎわいは火にかけた大鍋のように煮え立っています。

まず目に飛び込んでくるのは、店先に並ぶ色とりどりの果物です。そしてドゥジャン市場に似合うのは、なんといってもバナナ。その黄色い肌に貼られた「バナナを担ぐ男」のシールは、これらのバナナがマルチニックやグアドループから来たものであることを示しています。一キログラムで二ユーロ程度の量り売りですから、小腹がすいたら二〜三本買うのもOKです。そして隣にはナツメヤシ、マンゴー、巨大なアヴォカド（一個四ユーロ）、

上・下：シャトー・ルージュ周辺は，ドゥジャン通り以外にもこんな店がたくさん

パッションフルーツ、緑のレモン、やはり巨大なパパイヤ（一個八ユーロ）、そしてメロン、イチゴ、ブドウと続きます。八百屋さんは別にあって、日本では見かけない何種類かの芋に加え、青菜やナス、カボチャ、ピーマン、ニンジンなど、馴染みのある顔ぶれもそろっています。

さて次は魚屋さんです。こちらはサケ、カサゴ、イワシ、クスクスにも使われるボラ、ヨーロッパヘダイ、ティラピア（一ケース一六ユーロ！）、あとは……名前の知らないいくつもの顔、顔……。

続くお肉屋さんの雰囲気は日本と近い感じですが、ちょっと目を引くのは〈今日の特売、ヤギのモモ肉！〉の張り紙でしょうか。ラムのモモ肉というのは、日本でも耳にしますけれど。

そしてもう一グループ、このドゥジャン通りを彩る簡易個人商店主たちのことも忘れるわけにはいきません。彼らは自分自身が店であり、その陳列棚は段ボール箱、スーパーのカート、あるいはその両腕と首だけだったりします。売られているのは、なんといってもmaïs《トウモロコシ》。「マイス！　マイス！」という呼び声は、いたるところから聞こえてきます。それから落花生、サフー（アフリカ梨）、スカーフ、女性用エクステ、アクセサリー、ベルト、ヘッドフォン、サングラス、時計……。もちろんこうした個人商店主たちには、男性も女性も含まれています。

この七〇メートルほどしかないドゥジャン通りの裏手には、ハイチ出身者ご用達の店、「ハイチ・マーケット」(Haiti Market) もあります。ここでは、カリブ料理には欠かせない白や緑のハヤトウリや、サトウキビなども買うことができます。

そしてこのにぎやかな店々のひしめくシャトー・ルージュを闊歩しているのが、普段着の、あるいは美しい原色の民族衣装を着こんだアフリカ系の女性たちであり、品定めに余念がないいやはりアフリカ系の男性たちであるわけです。みなさん、どうぞこのドゥジャン通りを訪れてみてください。シャトー・ルージュが燃えていないとは、誰も言えないはずです。

12 パリとハイチの物語――「セカンド・ディアスポラ」を生きる人びと

シャトー・ルージュのハイチ・マーケットは、パリのハイチ出身者ご用達、と前の章でご紹介しましたが、ここでほんの少しだけ寄り道して、パリとハイチの深い関係について見ておきましょう。これはなかなか興味深いテーマなのです。

ハイチのあるイスパニョーラ島の先住民は、コロンブスらスペイン人入植者によって絶滅させられました。そして入植者はそこに、アフリカなどから奴隷を連れてきたわけです、使い捨ての労働力として。

そしてその後フランスもこの島に割り込み、一六五九年以降今のハイチあたりを支配、奴隷を使って大農園を組織し、大がかりな搾取を開始しました。奪った土地の資源を使い、奴隷たちに働かせれば、儲からないはずはありません。

けれども一八〇四年、ハイチの人たちは反乱を起こし、ついにナポレオン軍を撃破。世界初の黒人独立国家を打ち立てました。アフリカ系の人たちのなかには、だから今も、こうしたハイチを誇りに思っている人もいます。つまり、カリブ海の小国であるハイチは、同時に「アフリカ」でもあるのです。

ただ独立以降の歩みは、決して容易なものではありませんでした。敗れたフランスは、ハイチに途方もない額の賠償金を突きつけ、ハイチはそれを飲まざるを得ませんでした。しかもフランスやアメリカは、ハイチを孤立させることで、独立を望む他の植民地に対する見せしめとしたのです。その後ハイチは長く困難な時代を生きねばならず、「西半球の最貧国」という呼び名は、今も返上されてはいません。

そして二十一世紀に入って一〇年以上経った今、日本で知られているハイチ出身者と言えば、ミュージシャンのワイクリフ・ジョンが筆頭でしょうか。一九七二年にハイチの首都ポルトー・プランス郊外で生まれた彼は、十歳のときにアメリカに移住、ニューヨークのブルックリンに住むことになります。やがてワイクリフはローリン・ヒルらとともにフージーズを結成、現在はソロ活動に専念しています。アルバムの総セールスは三〇〇〇万枚を超えていますが、とりわけ二〇〇四年に発表した Welcome to Haiti: Creole 101 は、彼のハイチへの熱い思いにあふれていました。このアルバムに収められた「大統領」という曲は、こんな内容です。

もし俺が大統領だったら

金曜に俺は選出され
土曜に暗殺され
日曜に埋葬され
また月曜には仕事に戻るだろう。

〔……〕
もし俺が大統領だったら
黒人は全員賠償金を受け取るだろう
人種の分離なんてものはない
国家が養うから飢餓はない
ムスリムもユダヤ人もキリスト教徒も
みんな手を取り合うだろう

そして二〇一一年、ワイクリフはこの曲の理想を現実にしようとします。ハイチの大統領選に出馬する意思を表明したのです。そしてちょうどその頃、わたしはパリで、ハイチ出身のドライバーが運転するタクシーに乗り合わせることがありました。もちろんワイクリフのことが話題になったわけです。

「でもやっぱり、立候補は難しいみたいだね。五年連続してハイチに住んでなきゃ、その資格がないらしいよ」

「でも人気はあるんでしょう?」

「若い子たちにはね」

そして運転手さん自身はといえば、三十歳代前半くらいでしょうか。

「パリでは運転手なんかしてるけどさ、ぼくは大卒なんだ。でもこの肌の色じゃ、パリでちゃんとした仕事を見つけるのはムリさ」

ハイチの人はみな黒人です。アフリカ系の奴隷たちの子孫なのです。

「ご家族もパリに?」

「いや、家族はモントリオールにいる。ぼくも冬はモントリオールに行くんだ、パリは寒いから」

「ええ?　モントリオールのほうがずっと寒いでしょ?」

「ただ向こうは、地下街なんかがすごく発達してるからね」

「実は去年モントリオールに行ったんですよ。ハイチ・フェスティヴァルにも出かけたし」

「ほんとかい？　楽しかった？」

　もちろん楽しかった。会場となったモントリオール郊外のラ・フォンテーヌ公園。その濃い緑に包まれた野外ステージから投げかけられる言葉は、フランス語半分、クレオール語半分。全員が二つの言葉を理解しているようではありませんでしたが、やはりそこには、ハイチ系の人たちのコミュニティーがはっきり存在していました。

「そうかもね。ただパリでは、ハイチ人地区みたいなものはないんだ。もちろんよくみんなで集まるけど、住んでるとこはバラバラさ」

　ワイクリフのことを訊けただけでも、わたしにとってはなにかが繋がってゆく経験でしたが、彼との会話はそれ自体楽しいものでした。別れ際に握手したときの、がっしりした掌が記憶に残っています。


　さてここまで、ハイチの簡単な歴史とワイクリフ・ジョン、そしてパリとモントリオールを行き来する運転手さんのことを書いてきました。ここからいったいなにが引き出せるのでしょうか。

　シナゴーグ・ドゥ・ラ・ヴィクトワールを訪ねた第4章で、「ディアスポラ」について触れました。そしてもともとユダヤ人の離散について使われていたこの語は、今やそこから離陸し、広く人の散らばりを指して使われるようになっています。この観点でハイチを見直すとき、わたしたちはあることに気づかされるのです。

全員がアフリカ系であるハイチ国民はみな、あの豊かで巨大な大陸を離れて（離れさせられて）散らばった存在であるという意味で、ディアスポラを生きていると言えます。けれどもたとえばワイクリフは、そしてタクシーの運転手さんやその家族も、今はハイチからニューヨークやパリ、あるいはモントリオールに渡って暮らしているわけです。そしてこうしてハイチを離れ散らばってゆく彼らの移動は、二度目のディアスポラだと言えそうなのです。「セカンド・ディアスポラ」。ハイチ人たちが示す火花のような拡散を、そう呼ぶことができるでしょう。

もちろん中国系の移民を始め、セカンド・ディアスポラを生きている人たちは少なくありません。ただ「フランス語圏」に限って言えば、ハイチ人はやはり、セカンド・ディアスポラを象徴する国民だと言えるでしょう。パリやモントリオールは、フランス語が話せるハイチ人にとって、彼らの言葉を生かせる大都市の代表なのです。

二〇一一年に翻訳が出版されたダニー・ラフェリエールもまた、セカンド・ディアスポラを生きるハイチ系モントリオール人です。二〇一〇年の大震災後、三〇年ぶりに祖国に戻ったときのことを描いた『帰還の謎』。ラフェリエールはそこで、安楽な旅ではなく、

「自分たちの文化以外のもの」に身を投じる移民という行為を、一つの生の在り方として受け入れ、肯定しています。

帰路の切符をもたぬ旅だけが
家族、血縁、
狭い愛郷心からぼくらを救うことができる。
自分が生まれた村を一度も離れたことのない者は
不動の時間のなかに居座り、
それがしまいには
その者の気質にとって有害であることが明らかとなる。

この地球上の四分の三の人びとにとって
旅の形態はひとつしかありえない。
それは言葉も習慣も
知らない国で、
身分証明書をもたずに自分自身を取り戻すことだ。（小倉和子訳）

パリで暮らすたくさんの移民たち。その背後には、出発地の厳しい現実が横たわっているることを、わたしたちはつねに思い出すべきなのでしょう。そしてわたしたちのパリ巡りもまた、「自分自身を」解体した上で新たに「取り戻す」ような経験になれば、旅に出た甲斐があったことになるのでしょう。

13 セネガル料理讃——アフリカ料理店「マイムナ・エ・マンデラ」

バルベスから始まり、グット・ドール、シャトー・ルージュと続けてきた十八区巡りも、そろそろ締めくくりのときが近づいてきました。そして最後にどうしてもチャレンジしておきたいことと言えば……食事！ ですね。ではここで本邦初紹介、とっておきの料理店にご案内しましょう。

バルベス大通り沿いにあるシャトー・ルージュ駅、まずはここからプーレ通りを南西方向に歩きます。一五〇メートルほど行ってクリニャンクール通りにぶつかったら、今度はそれを右へ（北へ）。また一〇〇メートルほど行くと、「ラ・ショップ・ドゥ・シャトー・ルージュ」（「シャトー・ルージュのジョッキ」）という、横長で開放的なレストランに差しかかります。この店、実は金曜・土曜の二一時以降に行くと大変な混雑なのですが、それもそのはず、その時間帯はクスクスが無料で供されるのです。前出の『クスクスの謎』にもこの店のことは紹介されていて、なんでもご主人の息子さんがかつて交通事故に遭ったとき、周囲の人たちからとてもよくしてもらった、だからやがて息子さんが恢復すると、

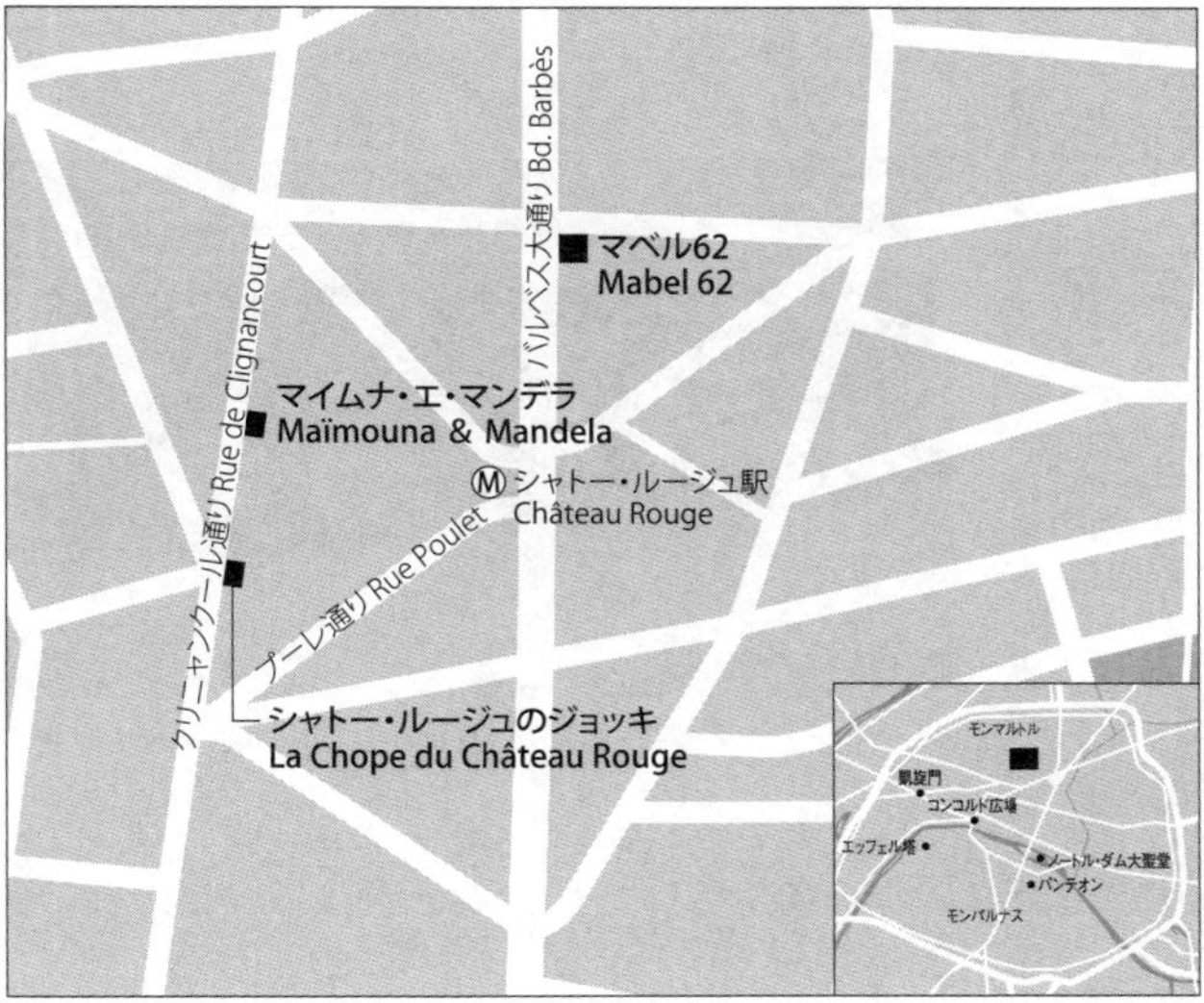

ご主人はお返しとして無料クスクスの提供を始めた、という事情なのだそうです。もちろん、イスラーム的な喜捨の精神が根底にあるのでしょう。ただこの店は、また日を改めることにして、今日のところはそのまま進んでいきましょう。

そしてこの店からさらに一〇〇メートルほど北に上ったところ、同じクリニャンクール通りの右側に、わたしたちが目指していたアフリカ料理店、「マイムナ・エ・マンデラ」（Maïmouna & Mandela）はあります。きれいなオレンジ色と赤を組み合わせた、ポップな外観です。

この店、派手ではあるけどやや小ぢ

「ラ・ショップ・ドゥ・シャトー・ルージュ」．金曜夜は大混雑

んまりしているし、ちょっと入りにくいとお感じになるかもしれません。でも大丈夫、席は地下にもあるし、お店の人はとってもフレンドリーです。メニューもぜんぶ丁寧に説明してくれます。先ほどは「アフリカ料理」とあいまいな書き方をしましたが、聞けば店のご主人はセネガル出身だそうです。

店の内装はシンプルなものですが、民族衣装を立体的に仕上げた黒人女性のオブジェが置かれ、また壁には、やはり黒人の少女たちが朗らかにほほ笑む写真や、これはどんな意味が隠されているのか、カラフルな翼を持ち女性の姿をしたケンタウロスが飛翔する絵も飾ってあります。そしてお客さんはといえば、やはりアフリカ系の人が半分以上。仕事の合間でしょうか、仲良くランチしている黒人女性グループもいます。

メニューには、スープだメインだと分かれているフランス・スタイルとはちがって、いわゆる一品料理が並んでいます。日本人にはまったく馴染みではありませんが、セネガル料理では、どれも定番の品のようです。

まずは「チェブ・ジェン」。これはウォロフ語で「米・魚」のこと。魚の出汁を利かせた炊き込みご飯です。ややピンクがかっているのは、トマトも使われているからでしょう。

上：「マイムナ・エ・マンデラ」．ポップな外観
下：アロコ．山盛りのフライド・プランテーンつき

ご飯の上には、よく味の染みた魚や野菜も載っています。

そしてわたしがお勧めしたいのは、「ヤサ」です。このお店では「鶏肉ヤサ」か「魚ヤサ」が選べるのですが、個人的には「鶏肉ヤサ」の味が忘れられません。ヤサの典型的なレシピは、まずは鶏肉をレモンでマリネし、やがて焼き、それを透き通るまで炒めておいた多めの玉ねぎ、酢、マスタード、唐辛子、塩、胡椒（＋香辛料）などと一緒に、適宜水を差しながらやさしく煮込む、というもののようです。鶏肉と炒め玉ねぎの旨み、レモンの酸味、ピリッとした刺激……。これにはお米もついてきますから、カレーの要領でいただきます。滋味が体に染みていくのが分かります。

それからちょっとおもしろいのが、「アロコ」です。これは揚げた魚とトマト・ソースの組み合わせなんですが、わたしたちにとって新鮮なのは、むしろ付け合わせのフライド・バナナのほうでしょう。細かく輪切りにされた揚げたてのバナナが、フライド・ポテトの要領で盛られているのです。これがかすかな、やや若いリンゴのような酸味もあって、はっとさせられます。

ただしこのバナナ、実はわたしたちが知っている甘みの強いタイプではなく、プランテーンと呼ばれる食事用バナナです。だから、正確にはフライド・プランテーンと呼ぶべきかもしれないこの揚げ物、西アフリカでは広く食べられていて、実際アフリカ系作家の小説などで目にすることはあるものの、こうして実際に食べる機会はなかなかありません。こんなにおいしいものだったんですね。しかもです、これら三品はどれも六ユーロ。パリでは破格の安さです。

そしてこの店の楽しみは、これで終わりではありません。「マイムナ・エ・マンデラ」に来たらどうしても外せないもの、それはジュ・ドゥ・ビサップ（ハイビスカス・ジュース）とジュ・ドゥ・ブーイ（バオバブ・ジュース）です。

ビサップは、カシスにも似た甘酸っぱい飲み物ですが、特にこの店のものは、アフリカ系の人たちの間でも知られた存在であるようです。『パリのアフリカ手帖』（*Les Carnets de L'AFRIQUE à Paris*）という本には、この店のビサップについて、こんな風変わりな、そしてほとんど詩のような紹介記事が掲載されています。長老であるらしいユセフが、セネガルで若者たちに語っています。

フランスじゃあザクロ・ジュースを飲んでるって？　貧しい移民の飲み物ってわけかい！　でもそんな誘惑に負けちゃだめだ。よく覚えておけ、ビサップの名に値する飲み物を作るために、おまえたちの母親が、セネガルで一番きれいな花を摘んできたことを。それも満開の花をな。そして忘れるんじゃない、ビサップはほのかにサクランボの味がすること、その色は、街に出かけて行くときのリアの唇の色と同じだってことを。リアの血管のなかには、まちがいなくビサップが流れてる、そしてそれが、若さってものなんだ。（拙訳）

それからバオババブ、セネガルはもちろんアフリカ全土でポピュラーな、そして『星の王子さま』にも登場していたバオババブですが、この木の樹皮は縄に、葉は染料や飼料に、そして果実は飲み物になるそうです。この店のブーイは、バナナ・ヨーグルト・ドリンクに似ているでしょうか。やさしく包みこんでくれるような「癒し系」の味わいです。

シャトー・ルージュを含む十八区には、特徴あるアフリカ料理店が何軒もあります。ただビサップを試し、アフリカのハイビスカスに思いを馳せようというのなら、やはりこの「マイムナ・エ・マンデラ」から始めてみるのがよさそうです。

ではセネガル料理を堪能したところで、セネガルとフランスの関係を少し確認しておきましょう。この両者の関係を象徴するものと言えば、やはりゴレ島を挙げないわけにはいきません。ダカールの沖合三キロに浮かぶこの奴隷収容島から、カリブ海へ、南北アメリカへ、あまりに多くの黒人たちが送り出されました。

セネガル川とガンビア川に挟まれたこの土地を初めて「発見」したヨーロッパ人は、ポルトガル人でした。一四四四年のことです。当時アフリカには多くの王国があり、イスラームの教えはすでに五〇〇年ほど前から広がっていました。

ポルトガル人は当初、主に胡椒や金を取引していましたが、コロンブスが新大陸に到着して以降、その関心は次第に奴隷貿易に移ってゆきます。新たに征服したあちこちの土地で、鉱山やプランテーションで働かせるための労働力が必要だったからです。ヨーロッパ人たちは、この貿易を正当化するための口実として、当時アフリカでは戦争捕虜などを奴隷として働かせる習慣があったことを指摘しました。たしかにそういう習慣があったことは事実なのですが……。

十七世紀に入ると、オランダやイギリスが参入。フランスもまた一六五九年にサン・ルイを、一六七七年にはゴレ島を手に入れ、前者を物産の、後者を奴隷の「積み出し」港としました。フランスはこの時点で、すでにグアドループやマルチニックを植民地化しており、奴隷たちはその砂糖プランテーションへ送られたのです。このカリブ海の植民地は、フランスに莫大な利益をもたらします。

その後フランス革命の折りに、いったんは奴隷廃止が宣言されるものの、ナポレオンがそれを反故にしたため、廃止が確定するのは一八四八年までずれ込みました。そしてまさにその頃から、フランスはセネガルの内陸部をも支配下に入れ始め、ついに一八九五年、「フランス領西アフリカ」（AOF）に組み入れてしまったのです。サン・ルイに首都を置いたこの植民地には、マリ（フランス領スーダン）なども含まれていたのでしたね。

ゴレ島と言って思い出されるのは、二〇〇一年に制作された映画『リトル・セネガル』(Little Senegal) でしょう。この半ばロードムーヴィー的な物語は、現代のゴレ島から出発します。

主人公アルーンは、長くゴレ島の奴隷博物館でガイドを務めてきた老人です。ある日彼は、奴隷積み出しのために使われていた戸口の傍らにたたずんでいた黒人女性に向かって、こう言葉をかけます、あなたの過去はここから始まるのです、と。この言葉は、実はアルーンが自分自身に投げかけたものでもありました。

やがて定年を迎えたアルーンは、新大陸に渡る決心をします。それは、ここゴレ島から送り出された自分の祖先の末裔に会うためでした。アメリカ東海岸の港町チャールストンへ、そしてニューヨークのリトル・セネガルへ。けれどもそこで出会った遠い親戚たちは、ニューヨークならではの問題に翻弄され、自分たちの過去に興味を持つどころではなかったのです……。

ゴレ島は世界遺産に登録されています。もちろんそれは、負の遺産としてです。

では最後にシャトー・ルージュ近辺でもう一軒だけ、アフリカ関係のよろず屋さんをご紹介しましょう。住所はバルベス大通りの六十二番地。店の名前は「マベル62」(Mabel 62)です。

この店は決して大きくはないのですが、化粧品や装飾品、そして何に使うのかさっぱり分からないものも大量に売られています。ちょっとおもしろいのは、こちらのショー・ケースにイスラームのお守り「ファーティマの手」が並んでいるかと思えば、あちらにはカトリックの祈りに使われるロザリオが置かれ、ふと見ると目の前にはユダヤを象徴するダビデの星のペンダントが何種類も列をなしていたりすること(実はこの店の近くには、シナゴーグもあります)。アフリカの宗教状況が、パリの店先でこんな風に表れてくるのですね。

「マベル62」. 店内は玉手箱のよう

さてここまで、バルベス、グット・ドール、シャトー・ルージュという地区を歩いてきました。これらはみな互いに徒歩圏で、本当に別の地区なのかという気さえするほど隣接しているのですが、ここで一応整理しておきましょう。

バルベス、特にそのマルシェについては、アラブの雰囲気が濃厚です。駅近くの広場でくつろいでいるのも、アラブ系の男性たちが中心でした。

そしてシャトー・ルージュはというと、これはもうはっきりアフリカ色が浮上しています。ごった返すドゥジャン通りでふと立ち止まると、目に入ってくるすべての人がアフリカ系である瞬間も、何度となく訪れます。ただもちろん両地区とも、たとえばわたしたちアジア人が入って行きにくい雰囲気ではありません。ましてや隣同士です、たとえばバルベスのマルシェでは、アフリカ系の人の姿も多く見かけられます。

そしてこれら二つの地区に挟まれたグット・ドールはといえば、これはまさに中間的。アフリカ系の料理店や薬草屋さんがあるかと思えば、ハラルのお肉屋さん、イスラーム系の本屋さんなどもあります。つまり、あまりに図式的過ぎるのを承知で言うなら、アラブとアフリカ、二つの文化圏が隣り合い、その境界に位置するグット・ドールでは両者が混じり合っている、という区分けになるでしょうか。

このことに関連して、あるCDのことを思い出しました。以前「バルベス国立オーケストラ」（ONB）のことをご紹介しましたね。オーケストラを名乗っているけれど、その実体はマグレブ・バンドだというあのグループです。このONBの場合はまさにアラブの代表でした。

そしてここに『バルベス・オール・スター』というCDがあります。二〇一〇年二月に発売されたこのコンピレーション・アルバムには、バルベスでの兄貴分的存在であるラップ・グループ、「スクレッド・コネクシオン」（Scred Connexion）を中心として、この地区のラッパーが集結しています。激しいものもありますが、むしろ繊細でさびしげな曲が多いのが、このアルバムの特徴です。参加しているグループのほとんどがアフリカ系のミュージシャンで構成されているあたり、同じ「バルベス」の名を冠していても、ONBとは違っています。

ところでこのコンピ・アルバムには、一人だけ女性ラッパーも参加しています。アイシャです。[*1]

アイシャは一九九九年以来「エニグマティック」（Enigmatik）という女性三人のラップ・グループの中心メンバーとして活躍してきましたが、二〇〇九年にはソロ活動を開始しました。そしてその最初の仕事となったのが、このアルバムに収められた「時間」という曲だったのです。

ところで、その名も「グット・ドールの子供たち」という曲でデビューした「エニグマティック」のレパートリーのなかに、「ここかあそこか」(Ici ou ailleurs) という印象的な曲があります。メンバー三人が交互にラップを歌う形式なのですが、歌の世界のなかで、アイシャはムスリムとして「ブレッド」(北アフリカの内陸地)、つまりアルジェリアに住んでいる設定になっています。そして彼女はある日、今はパリのバルベスに移り住んでいる友人ファーティマに電話するのです。アイシャはフランス語混じりのアラブ語で、こんな風に訴えます。

わたしもパリに合流したいよ、

〔……〕

わたしの人生は一言で言えば「苦行」ね、
もうヴィザが待ちきれない、落ち着かないの、
故郷を離れて暮らすのが大変なのはわかってる、でもいいの……
フランスのほうが幽閉よりマシだから……(拙訳)

アイシャはアルジェリア系のミュージシャンなのです。しかも上記のコンピレーション・アルバムのためにだけ結成された「バルベス・オール・スターズ」というセッション・バンドで、彼女はリード・ヴォーカルをとりさえしています。アルバム『バルベス・オール・スター』は、アフリカ系のミュージシャンが中心となりながら、そのまた核にアイシャがいるという、そんな「混じり合い」のアルバムとも言えるわけです。

さてみなさん、バルベスの旅はいかがでしたか？　このバルベス、日本の観光客にとっての人気スポットとは言えませんが、実はバルベス＝ロシュシュアール駅そのものは、アンヴェール駅の隣駅です。そうです、サクレ＝クール寺院に詣でるときに利用する、あのアンヴェール駅です。ということは、サクレ＝クール寺院に上ってパリを眺め下ろしたあと、モンマルトルの丘を東に下って行けば、そこでバルベスが待っているという寸法です。ビサップ・ジュースも、みなさんを待っています。

14 「ビヨンセ・クーリバリー」が闊歩する街——シャトー・ドー

バルベス＝ロシュシュアール駅周辺の高架線の景観は、まさに十八区の紋章のようなものでしょう。と同時に、実際にメトロに乗り込み、移動する車窓から見下ろす街並みもまた、ほかの路線では出会うことのない眺めです。第8章では、後者の映像を用いた作品の例として、『マリ人、ファトゥー』をご紹介しました。バカロレア（大学入学資格）を取得したばかりのファトゥーは、今は美容室でアルバイトの身ですが、将来はロンドンに渡り、美容の最先端で仕事をすることを夢見ています。にもかかわらず両親は娘に結婚を迫り、古いイスラームの枠に嵌めようとするところから、物語が動き出すわけです。

バルベスに住むファトゥーは、シャトー・ルージュ駅からメトロに乗り、バイト先の美容室へ向かうのですが、実はこの美容室、映像のなかに捉えられていて、その場所ははっきり指し示すことができます。ストラスブール大通り三十四番地。そこには実際、チェーン展開している美容室 Beauty Center が店を構えています。メトロのシャトー・ドー駅から徒歩三〇秒のところです。

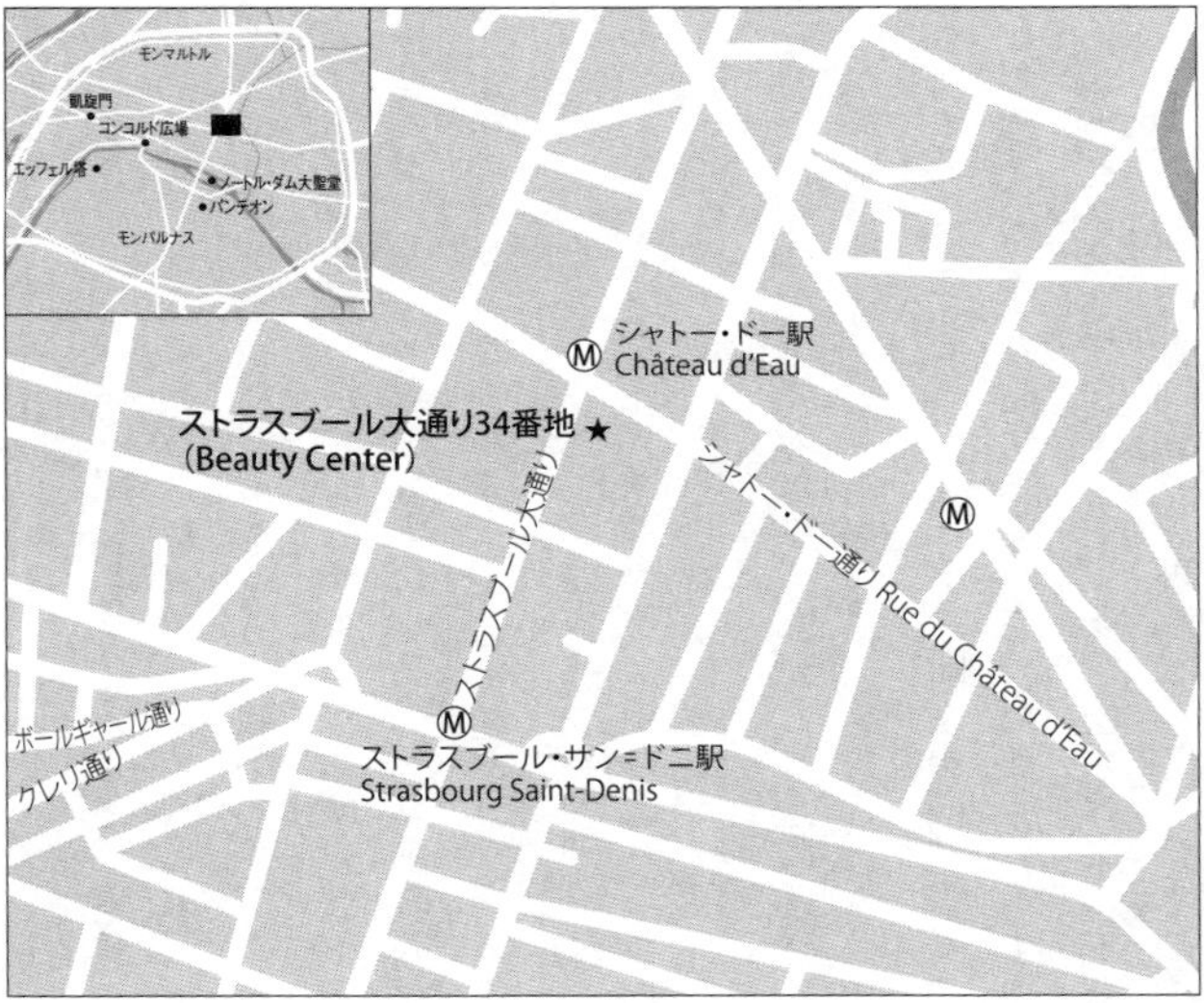

けれどもなぜファトゥーのバイト先はシャトー・ドーにあるのか？　実はこれには、分かりやすい理由があるのです。

というわけで今回は、このシャトー・ドー巡りに出かけましょう。案内役を務めてくれるのは、あるマリ系ミュージシャンのラップ・ソングです。

パリ十区に位置するシャトー・ドー駅は、バルベス＝ロシュシュアール駅から南に歩いて二〇分ほど、ターミナルである東駅からなら徒歩一〇分足らずの位置にあります。歓楽街として知られるストラスブール・サン＝ドニ駅はさらに近く、メトロ四号線で一駅、歩いても五、六分です。

このシャトー・ドー（Château d'Eau・給水塔）という地名の由来はよく分かっていません。ただ、近くにあるレピュブリック広場が、かつてシャトー・ドー広場と呼ばれていた——給水塔があったのです——時期があり、こちらを今の名前に改名した折り、使わなくなった名前を譲り受けたというのは確実なようです。

このシャトー・ドーもまた、アフリカ系の人たちが多い地区です。第12章で登場したハイチ系のタクシー運転手さんの情報では、「シャトー・ドーね、あそこはコート・ジボワール系の人が多いんだよ」とのことでした。コート・ジボワールと言えば、一八九五年、あの「フランス領西アフリカ」に組み入れられた国の一つでしたね。サッカーのディディエ・ドログバ選手、アフリカン・レゲエのトップランナー、ティケン・ジャー・ファコリーなどの祖国でもあります。ただし、運転手さんの情報の真偽のほどは分からないのですが。

ところでこのシャトー・ドー駅を東西に貫くのは、同じ名前を持つシャトー・ドー通りなのですが、この通りに降り立った誰でもがすぐに気づくこと、それは道の両側に立ち並ぶ美容室の多さです。いや、美容室だけではありません、かつら屋さん、美容室の卸業者などが、広くはない通りを埋め尽くしているのです。しかもそのショーウィンドーに飾られたかつらも、ポスターでほほ笑んでいるモデルたちも、ことごとくアフリカ系の女性たち。彼女らの髪は、パリのどの美容室でも扱えるというものではないのですが、明らかにここシャトー・ドーには、アフリカ系の女性客にターゲットを絞っている店が集まってい

上・下）シャトー・ドー通り．店の前には客引きの姿も多い

ます。そしてこれが、マリ人――実際には「マリ系フランス人」だと思われます――であるファトゥーがこの街で働いている理由でもあるわけです。美容の世界で活躍したいと願っているファトゥーが、アルバイト先としてこのシャトー・ドーを選んだことは、むしろ当然だったというべきでしょう。

ところでこのファトゥーと同じマリ出身のフランス人ラッパーに、モコベがいます。彼の代表曲の一つである「ビヨンセ・クーリバリー」は、このシャトー・ドーを闊歩する若いアフリカ系女性を描くラップ・ソングなのですが、それは同時に、この街そのものの表現にもなっているようなのです。というわけでここでは、この曲に入り込むことで、シャトー・ドーの魅力を感じてみることにしましょう。

モコベの母方の祖父母は、それぞれマリとモーリタニアの出身、父方の祖父母はマリとセネガルの出身。歌手自身は一九七六年生まれのフランス人です。

一九九四年、モコベは「サン・トレーズ」という三人組のラップ・グループのメンバーとしてデビューします。三人は幼馴染みで、サン・トレーズ（一一三）というのは、彼ら三人が住んでいた「郊外」の団地の建物番号だそうです。一人はアルジェリア系、もう一人はグアドループ出身です。

フランスのラップに詳しい陣野俊史は、「サン・トレーズ」についてこう書いています。

「現在、人気の高いグループ。今回の暴動でも積極的に発言。〔……〕アラブ音楽やアフリカからの影響を隠さずにアウトプットしている率直さがいい」（『フランス暴動』）。ここで言う「暴動」とは、二〇〇五年にパリ「郊外」で起きた暴動のことです。

そして二〇〇七年、アフリック・マガジンによる「最も影響力のあるアフリカ人五〇人」にも選ばれたモコベは、ついにソロ・アルバム『おれのアフリカ』（Mon Afrique）を発表します。そこには、サリフ・ケイタ、アマドゥー＆マリアムを始め、アフリカ系の錚々たるミュージシャンが集結しました。また二〇一〇年の夏にパリで大々的に行われた「サン・パピエ」を支援するロック・フェスティヴァルにも、「サン・トレーズ」として参加していました。

このアルバム『おれのアフリカ』に収録された、いわばシリアスではない系統の一曲が、「ビヨンセ・クーリバリー」です。「クーリバリー」という姓は、マリではごくごく一般的な名前だそうです。とするとこのタイトルは、セレブ・ビヨンセにかぶれたどこにでもいるマリ系の女の子、を意味していると考えていいのでしょう。そして「メトロのトップ・モデル」である彼女が「メッシュを買いに」出かけていく先が、そう、シャトー・ドーなのです。

ではそんなシャトー・ドーで、われらがビヨンセ・クーリバリーはどんな様子なのでしょうか？　すこし歌詞をのぞいてみましょう。

彼女の夢はタイリースに会うこと、まあそんなことムリだって
自分でもわかっちゃいる、それでもオレたちはみんな、
彼女にとっちゃクソなのさ。
彼女はマイケル・スコフィールドみたいなカレシを欲しがってる、
それもやっぱムリなんだけど、それでもオレたちはクソなのさ。
〔……〕
彼女は何時間だって鏡と話してる。
スター気取りさ、真っ黒いサングラスかけて。
二四時間、二段ベッドに帰りつくまで、
いつだってポーズを決める女だからな。
まったく、く、く、首絞めちゃおうかって思っちまうくらいさ。
朝っぱらからKFCに入りびたり
スパイシーなチキン・バケツを抱えて歩きながら食べて、
骨は通行人の前にポイ捨てなんだぜ！

彼女は忙しくて、オレたちごときを相手にするには
おしゃれすぎるってわけさ。
彼女が歩くと聞こえるぜ、
シュラック、シュラック、シュラック、シュラック
それは誰？　それがビヨンセ・クーリバリーさ！（拙訳）

ビヨンセ・クーリバリー、つまりどこにでもいる少女……。ここに描きだされているのは、もちろんその戯画化された姿ではあるのでしょう。ただそれを差し引いたとしても、ここには何か気になるものがあります。

では今度は、この曲をさらに深く理解するために、ヴィデオ・クリップを確認してみましょう（YouTube をお使いの場合は、Mokobe, Beyonce Coulibaly と入力してみてください）。最初に画面に登場する老人は、コート・ジボワールの有名俳優で、『おれのアフリカ』にも参加していたゴウーです。パソコンの画面に現れた肉感的な女性を見て奇声を上げているその姿は、「ビヨンセ」を対岸から見ている者たちの暗喩なのでしょうか？

そして「ビヨンセ」の登場です。もちろん黒人、セミロングの金髪でグラマラスな彼女

は、ピンヒールのパンプスに黒いピチピチのローライズ・パンツ、ベルトは金属の飾りのついた白です。光沢のある白銀のジャケットは丈が短めで、ウエスト部分は一〇センチほど、盛り上がった黒い素肌がのぞいています。両腕にブレスレット、イヤリングは重たげないぶしたシルバー、長めのネックレスはきらきらの銀、そしてなんとも目立つのが、歌詞にも登場している大きくて「真っ黒いサングラス」です。映像だからこそここまで綿密に作り上げられた「ビヨンセ」の姿は、特に彼女が通りをもったいぶって歩くとき、わたしたちを圧倒します。

そして曲の中盤、「ビヨンセ」がシャトー・ドー通りと直交するストラスブール大通りを歩いている場面では、シャトー・ドー駅前の地区案内図が大写しになる瞬間があります。ここがシャトー・ドー以外ではないことを、ことさら強調しているとしか思えません。

その後彼女はウィッグ屋さんに寄り、道で友だちに出会い、男たちを無視し、すれ違う人の肩にぶつかってもこれも無視し、もちろんチキンの骨はポイ捨てし……。

さて、ではこの迫力のヴィデオ・クリップでイメージ上の助けを借りながら、もう一度歌詞を見てみましょう。

彼女が会いたがっている「(ギブソン・)タイリース」は、アメリカの黒人ミュージシャン&俳優であり、カレシにしたい「マイケル・スコフィールド」(『プリズン・ブレイク』

の主役の名前）を演じるウェントワース・ミラーにも、アフリカ系の血が流れています。そしてもちろん本物のビヨンセも、父はアフリカ系、母はルイジアナ出身のクレオールでした。日本でも知られた存在であるKFC（ケンタッキー・フライド・チキン）は、アメリカの食の顔の一つでしょう。

つまり、パリのビヨンセ・クーリバリーが憧れているのは、アメリカ合衆国とアフリカだということになります。アメリカの文化、生活スタイル、それをアフリカ系として生きること……。

誰もがそうであるように、パリで暮らすたくさんの「ビヨンセ」たちもまた、そのアイデンティティーが一つや二つであるはずはありません。けれどもそれらのなかで「アフリカ」は、彼女らにとって最も重要なものの一つなのでしょう。二〇〇九年のオバマ大統領就任時には、パリのアフリカ系の人たちも大喝采したという話が思い出されます。

ただアメリカへの憧れということについて言えば、これは多くの若きパリジェンヌが、あるいは日本人女性が抱いてもいるはずのものであり、そこに複雑さは感じられません。たとえこの憧れが、昔日の勢いを失っているとしてもです。

「ビヨンセ・クーリバリー」には、モコベが他の曲で表明しているような、たとえばサン・パピエを擁護しようとする政治的なメッセージなどはありません。パリの「ビヨン

「ビヨンセ」たちを描いたこのラップに込められているのは、彼女たちへのかなわぬ恋心であり、そして同時にその生活と意見に対するからかいなのでしょう。少し大げさに言うなら、愛と嘲弄。そしてこのアンビヴァレントなメッセージを負った物語の舞台にふさわしいのは、「ビヨンセ」たちが集い、ファトゥーが働くこの街、シャトー・ドー以外にはないのです。

Ⅳ アジアから遠く離れて——アジア人街・インド人街

15 カンボジアからパリへ──十三区の中華街

世界の大都市に必ずと言っていいほどあるもの、それは中華街です。中国から陸路で到達できるユーラシア大陸各地はもとより、南北アメリカにも、キューバにも、そしてマダガスカルやモロッコ、南アフリカなどにさえ、中華街は存在しています。それはもちろん、中国系の移民がかなり早い時期から流出していたことを証明してもいるわけです。

さてパリです。

パリ十三区に中華街が存在することは、広く知られているかもしれません。フランス最大、いやヨーロッパ最大と言われるこの中華街は、けれどもまだ日本で十分に紹介されているとは言えないようです。となるとここはわたしたちが先陣を切って、このパリの中華街を訪れてみたいところです。なにしろアジア人という枠で見るなら、彼此《ひし》の岸辺に区別はないのです。

ただその前に、ここで一つ小さなエピソードをご紹介させてください。ある夏の日、パリで乗ったタクシーでの出来事です。

パリのタクシー・ドライバーと言えば、かつて『コレアン・ドライバーは、パリで眠らない』を発表した洪世和が思い出されます。彼は貿易会社の駐在員としてパリに滞在していた一九七九年、反政府運動に関わったという理由で韓国への帰国が不可能になり、そのままパリに定住。そして亡命したタクシー・ドライバーという視点から、パリを描いて見せたのでした。現在彼は韓国に戻り、新聞社に籍を置いているそうです。ただ洪世和の場合は、やはり特殊な例でしょう。

今パリの街を流しているタクシー・ドライバーは、旧植民地系の人（フランス生まれでフランス国籍を持つ人を含めて）が多いという印象なのですが、その日の運転手さんはアラブ系でもアフリカ系でもなく、明らかにアジア系、それもまちがいなく中国系の方でした。五十歳は超えているでしょう。クルマが道路工事の渋滞に巻き込まれたとき、わたしは後部座席から訊いてみました。

「運転手さんは、パリ生まれですか？」

「ぼく？　いや、ぼくはカンボジア生まれ」

カンボジア……。ということは彼は、かつて「フランス領インドシナ」に移民した「華僑」の、何世代目かの子孫ということなのでしょう。どういうことかというと……。日本で今カンボジアと言えば、「あのアンコール・ワットがある国」という印象が先立つのかもしれません。たしかにあの壮麗で広大なヒンドゥー教寺院は、クメール（アンコール）王朝が十二世紀に建立したものです。けれどもこの王朝は十五世紀に倒れ、その後四〇〇年ほどは、東西にあったヴェトナムやタイから攻められる年月が続きます。そして時代は下って一八五八年（と言いますから、パリではあのオスマン知事による大改造が行われていた時代ですね）、ナポレオン三世の命を受けた軍隊が、このインドシナの地にやってきます。もちろんこのあたり一帯を、フランス帝国の植民地に組み込もうという魂胆です。

フランス軍はうまくやりました。というのは、一八八七年には、現在のヴェトナム、ラオス、そしてカンボジアに相当する土地に、「フランス領インドシナ」を成立させてしまったからです。そしてこの時代に、主に潮州などから、多くの中国系の人たちがこのフランス領植民地に流入することになりました。「華僑」と呼ばれる人たちです。

このフランスによる支配は、第二次大戦中の一九四五年三月まで続きます。このとき、フランス本国の乱れをついてインドシナを奪い取ったのは、すでに五年ほど前から駐留していた日本軍でした。

「もし日本が戦争に勝ってたら」と運転手さんは言いました。「あの辺は全部日本のままだった。今でも日本だったはずだよ」

わたしはバックミラー越しに、彼の表情をのぞきこみました。でも彼が、日本人であるわたしに皮肉を言っているようには見えません。

「日本人としては、そんなことは言えないけど……」

「そうかい？　でももし日本になってたら、食べるものがないなんてことはなかったはずだよ」

そうだったかもしれないし、そうではなかったかもしれないけれど、でももしインドシナが日本の領土のままだったら、今あるカンボジアという独立国は存在していないことになります。

「独立？　独立じゃあおなか一杯にはならないよ」

運転手さんの論点は、もちろん、日本の侵略行為の正当化にあるわけではないでしょう。たとえそれが、ある種の「解放」であったとしてもです。そうではなく、生きるか生きられないかのぎりぎりのところでは、理念より優先されるべきものがあるという、彼の信条を語っているようでした。

「でも日本は負けて、フランスは性懲りもなく……」

「そう、戻ってきた……」

第二次大戦後、インドシナの国々は相次いで独立を目指しましたが、第五共和政に移ったフランスはそれを許しませんでした。自国には共和政を、植民地には弾圧を、というわけです。その結果一九四六年に始まったインドシナ戦争は、主にフランスとヴェトナム民主共和国の間で八年間も続き、一九五四年、結局フランスの敗北で終わります。「フランス領インドシナ」は解体したのです。その後フランスからバトンを受け取ったのが、アメリカ合衆国でした。インドシナ戦争中もフランスを支援していた合衆国ですが、今度は自らが主役だと考えたのでしょう。彼らは南ヴェトナム政府を成立させ、ヴェトナム戦争へと突入してゆきます。一九六〇年のことでした。

今クルマは、セーヌ河沿いの道をスピードを上げて走っています。わたしは再び尋ねました。

「いついらしたんですか、パリには?」

「もう三〇年以上前だよ。一九七五年さ」

カンボジアでは、大戦後シハヌーク独裁体制が始まりましたが、旧敵ともいえるヴェトナムの圧迫を恐れてフランス軍を迎え入れました。そして一九五三年には念願の完全独立を果たすものの、一九七〇年、アメリカの助けを借りたロンノル将軍がクーデタによって政権を奪取。さらにその後は、フランス留学から戻っていたポル・ポトらが、極端な共産主義を目指して首都プノンペンを制圧、一切の財産を没収し、反対派らに対する大量虐殺を開始するのです。それが一九七五年のことでした。

「でもどうやってフランスに？」

「まずタイに渡って」

「歩いて？」

「いや、舟で。ぼくは漁師だったから。それからフランスに難民申請をして……」

「パリに来た？」

「サルセルにね」

サルセルはパリの北一五キロメートルに位置する街で、今はユダヤ人が多いことでも知られています。ときには「リトル・エルサレム」と呼ばれることもあるくらい。*1

「そう。ユダヤ人もいた。みんないた。それぞれの街区に、いろんな場所から逃げてきた人がいたよ」彼は続けました。「サルセルで半年くらい、フランス語を教えてもらって。でもとにかく、そこでは食べるものは支給されてた。住むところもあった」

「それは何歳のとき？」

「ぼくは一九五三年生まれだから……、二十二、三歳かな」

「ご家族も一緒に？」

やや長い沈黙がありました。

「……家族は、こっちで作ったよ。今はナンテールにいるんだ」

ナンテールはパリの北西の郊外、凱旋門をくぐって直進した先です。

「カンボジアへは？」

「行くよ。二、三年に一回くらいかな。でも、まだまだだよ。まだまだ……」

カンボジアで初めて民主選挙が行われ、新しい憲法が発布されたのは、一九九三年のことでした。

もちろんこの運転手さん自身は、十三区に住んでいるわけでも、そこで働いているわけでもありません。けれどもこのような経緯をたどって今パリで暮らすアジア人が少なくないことは、覚えておいていいのでしょう。しかもパリでは、「中国系」ないし「中華街」という表現を用いた場合でも、それは実質「アジア系」、「アジア人街」の意味で使われることが珍しくないのです。それはもちろん、後でご紹介するこの中華街の成り立ちとも無縁ではないのですが。

またインドシナ戦争についてですが、これは今のフランスにとって、アルジェリア戦争に次ぐ大きなものだったと言っていいでしょう。もちろん二度の世界大戦を別にすればということですが。

この戦争でフランスが手放すまいとしたフランス領インドシナについては、『インドシナ』（一九九二）などの映画にも描かれていますが、それらにも増して奇妙に「フランス」

がせり出してくる作品として、ここでは『地獄の黙示録』を挙げておきたいと思います。

アメリカ側から見たヴェトナム戦争を描いたこの作品は、一九七九年に公開され日本でも大ヒットしました。ところがそれから二〇年以上経ち、二〇〇一年に発表された「完全版」のほうは、なんとオリジナル版に比べ約五〇分も長くなっていたのです。しかもその増量分のなかには、まるごとカットされたシークエンスも埋め込まれていました。その一つが、「フランス人大農園」です。軍を裏切ったカーツ大佐を探すウィラード大尉一行が、カンボジア国境近くの深いジャングルで、ヌン川を遡上していたときのことです。彼らはそこで、あるフランス人大家族と遭遇したのです。

けれどもなぜ、こんなところにフランス人がいるのでしょうか？　そうです、彼らは二十世紀初め、「フランス領インドシナ」時代にこの土地に入植し、それ以降四代七〇年、巨大な植民地がとうに瓦解した後もなお、ここで大農園を守り続けているのです。映画の舞台は一九七〇年頃でしょうから、とするとこの一家は、二度の世界大戦、インドシナ戦争、そしてこのヴェトナム戦争をもこの地で経験していることになります。ヌン川に満ちる霧のなかから現れる彼らの姿は、編集担当のウォルター・マーチが言うとおり、まさに過去からの「亡霊」そのものです。

ただ、この一家の長が語る土地への愛着は、分からないでもありません。たとえばあの

『愛人』（一九八四）を書いたマルグリット・デュラス。彼女は一九一四年に「フランス領インドシナ」で生まれ、初めて「本国」を訪れたのは十八歳のときでした。短篇「痩せた黄色い肌の子供たち」から察するに、マルグリットは白人というより黄色人種に近い子供だったようです。

ある日、母はわたしたちに言う。リンゴを買ってきたよ、フランスの果実だよ、あんたたちはフランス人なんだからリンゴを食べなけりゃあ。食べようとしたが、吐き出してしまう。母は大声をあげる。こちらの言い分もある。むせちゃうよ、何だい、こんなの綿じゃないか、汁っ気が全然ない、咽喉をとおらないよ。母は断念する。（清水徹訳）

マルグリットは、パンが嫌いで米が好き、肉が苦手で「ニョクマムで味付けした淡水魚」、あの「沼地の魚」だけが好きな少女だったようです。植民地生まれの子供にとって、その土地は故郷そのもの。だとすれば、ある危機に際して、そこに「とどまる」選択をする人間がいたとしても、それ自体はとりわけ奇異だとは言えないのでしょう。たとえそういう選択をした人間が、「亡霊」に見えるとしてもです。

インドシナの話がやや長くなってしまいました。まずはとにかく、街に出ることにしましょう。

16 一九六〇年代の再開発が生んだ魅惑的な空間——オランピアド広場

パリ十三区にある中華街は、縦に細長い三角形をしています。二つの長辺に当たるのがショワズィー大通りとイヴリー大通り、短い底辺がマセナ大通りです。この中華街、たとえば横浜にあるものとは違って門がありません。だからはっきりどこからどこまでとも言えないのですが、この三角形を一応の範囲と考えてまちがいないでしょう。

そして今回出発点に選んだのは、この三角形の尖った頂点です。というのもここには、人気のヴェトナム料理店、「フォー・キャトルズ」があるからです。メトロのトルビアック駅からなら徒歩三分のこの店は、ほんとうにおいしいフォーを食べさせてくれます。しかもこれが七ユーロ程度。いつでもできている行列はアジア系が中心ですが、ヨーロッパ系の人もかなりいて、わずかながらアフリカ系の人もいます。並ぶだけの価値があると、みんな思っているのですね。

「フォー・キャトルズ」にはもちろん一品料理も、サイゴン・ビールもあるのですが、誰もが注文するのはやはりフォーです。歩き疲れたわたしたちアジア人を癒してくれるのは、

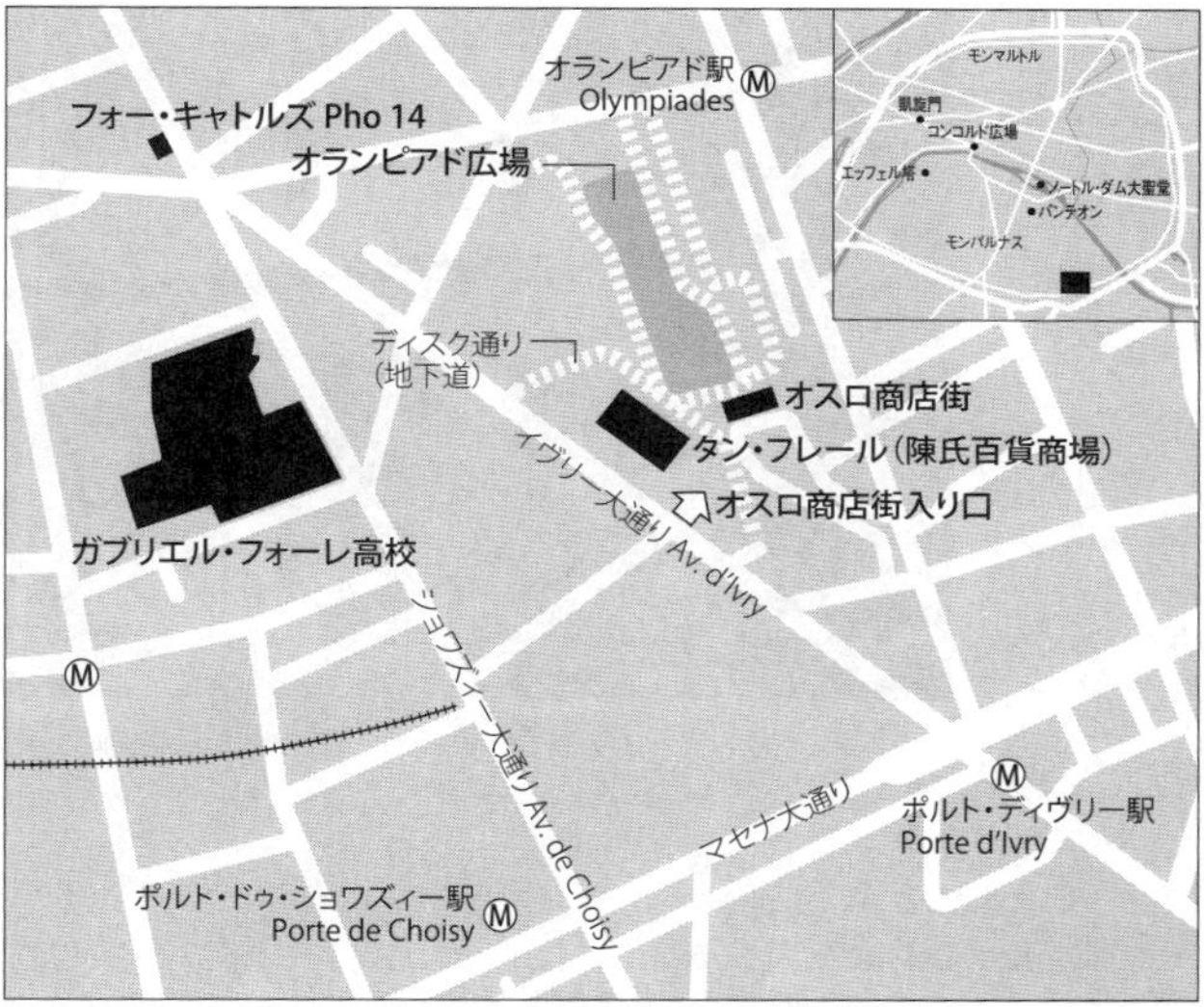

鶏肉のフォーだとわたしは思います。種類自体は、牛肉のフォーのほうが充実していますが。

そして老爺心からおせっかいを一つ。フォーには必ず、トッピング用のもやしやレモンの載ったお皿が添えられてくるのですが、このレモン、決して搾りすぎてはいけません。まろやかでデリケートなスープにとって、レモンの酸味は強すぎる気がします。少なくとも半分くらいは、レモンなしで召し上がるほうがいいと思います。

それからついでにもう一点。店内の椅子やテーブルは、かなり無理して詰め込まれていて、きわめて親密な窮屈さです。それに比べれば外のテラス席

「フォー・キャトルズ」の行列．いつでも混んでいる人気店

のほうがゆったりしてはいるのですが、ただこちらの場合は、床が傾いているのはまだしも、行列する人たちからの興味本位な視線を避けることができません。

「フォー・キャトルズ」で心も体も満たされたら、中華街の二大中心街の一つ、イヴリー大通りを南東に、つまりメトロのポルト・ディヴリー駅方向へと下ってみましょう。先ほどの三角形で言えば、右辺を歩くことになります。いよいよ中華街の内部に突入です。

歩き始めてすぐ気づくのは、通りを歩いているのがほとんどアジア人ばかりであること。また店の看板も、半数ほどが漢字表記です。わたしたち日本人もまた、地元の住人に見えているかもしれません。

このイヴリー大通りをぶらぶらと五〇〇メートルも歩くと、突如左側にスーパー、いやハイパー・マーケットと言っていい店、「タン・フレール（陳氏百貨商場）」が現れます。

この店、パリ在住の日本人の間では有名なのですが、それもそのはず、多種多様な日本食の材料が、それもオペラ地区の店より遥かに安い値段で並んでいます。テントのような入り口から入ってゆくと……。

店の内装は、よく言えば実質本位、はっきり言えば殺風景です。が、あそこにはまず、

上：「タン・フレール」の入り口．和食の材料も手に入る
下：イヴリー大通り．壁に貼られた「マッサージします」の広告

わたしたちには欠かせないお米が積み上げられています。ときにはここで、お米の袋を器用に破り、可愛らしいくちばしでついばんでいるスズメの姿を見かけることもあります。そしてカップ麺、インスタント・ラーメン、うどん、みそ、しょうゆ、さらにはカレー・ルー、だし、豆腐、のり、のり茶漬けの素まで。もちろん見たこともない調味料なども数多く、飽きさせません。見知らぬ土地で市場やスーパーに入り込むのは、旅行の醍醐味の一つですね。

さて、「タン・フレール」の陳列棚を眺めつくしたところで、もう一度イヴリー大通りに戻りましょう。そしてさらに歩くこと三〇メートルほど。するとそこには、「タン・フレール」のライバルであるスーパー、「パリ・ストール」が現れてきます。お店の外壁には、無数の短冊が貼りつけられているのですが、ほとんどが個人マッサージの広告です。ひらひらと風に揺れるこの不思議に涼やかな壁面風景を満喫したら、今度は一〇メートルほど戻ります。そうです、実はもう行き過ぎているのです、目標から。

入り口はすぐに分かるはずです。奥には上り下りのエスカレーターが稼働しているのが見え、横にはまた（今度はコンビニ・サイズの）「タン・フレール」があります。そしてこのエスカレーターこそ、実は今回目指している場所へ続く道なのです。さあ、乗りこみましょう。

着いた二階は、オスロ商店街の端です。ビルのなかにあるこの商店街は、全長一五〇メートルほどでしょうか、三つの通路が手を繋ぎ合っているような作りです。肉屋、ATM、アジア風の洋服屋、アクセサリー・ショップ、キャラクター・グッズを扱う雑貨屋、CD＆DVDショップ。気軽な感じのアジア系レストランが集まっている、いい雰囲気の通路もあります。

さて、この商店街の出入り口は、先ほど上ってきたエスカレーターを含めて四ヵ所あるのですが、明らかにここは正面だというところからちょっと外に出てみることにしましょう。そのとき目の前に広がるのが、今回ぜひともご紹介したかったオランピアド（Olympiades）広場です。そういう名前のきちんとした広場があるわけではないのですが、ここではこの呼び名を使うことにしましょう。

複数形の Olympiades というのは、「オリンピック競技大会」を表しています。一九六〇年代、この地域を対象とした再開発計画、「オランピアド地域開発プロジェクト」が持ち上がったとき、ここには大がかりなスポーツ施設が建つ予定でした。「オランピアド」という命名の理由はそこにあります。

この計画自体は、結局中途半端にしか実現しなかったものの、広場を取り囲んで建つビルの名前には、ヘルシンキ、トーキョー、モスクワ、アテネなど、かつてオリンピックが開催された都市名が使われていて、当時の計画の大きさが偲ばれます。近くには、最新型のメトロである一四号線のターミナル、オランピアド駅も控えています。

さあ着きました、オランピアド広場です。取り囲む高層ビルに抱かれ、くすんだ舗石が敷き詰められた地上二階の広場。そして目の前に二列並んだ平屋の建物群は、なんとも形容しづらい姿です。フランス人社会学者のミッシェル・パンソンは「仏教寺院風」と表現していますが、どうなのでしょう。羽を広げたカモメのような屋根は、たしかにヨーロッパ的とはまったく言えないでしょうけれど。そしてこの不思議な建物には、いくつものアジア系レストランに混じって、スーパーの「フラン・プリ」、カフェ、酒屋、薬局なども入居しています。

それにしても、この広場に満ちる雰囲気は奇妙で独特です。逆にあまりに風変わりだからこそ、ここがこの中華街の焦点にちがいないと思う人もいるでしょう。そうです、そんな確信を抱いた人のなかには、二人の映画監督も含まれていました。クリストファー・ドイルとアンヌ・フォンテーヌです。

一九五二年にシドニーに生まれたドイルは、七〇年代後半から活動の拠点を台湾に移しました。ウォン・カーウァイ作品のカメラマンとして世界的注目を集めたあと、やがて監督業にも挑戦。オムニバス映画『パリ、ジュテーム』（二〇〇六）のなかの一本「ショワジー門」は、彼にとって二本目の監督作品にあたります。

この五分ほどの短篇の冒頭、シャンプーのセールスマンである老紳士アイニーが登場するのは、まぎれもなくこのオランピアド広場です。また彼が探しているマダム・リーの美容室も、あのカモメの屋根を持つ建物の一つに入居しています。だからこそ、アイニーがたまたま通りかかった美人コンテストは、「ミス・オランピアド」を選ぶものでなければならなかったのでしょう。この作品は、タイトルが「ショワジー門」であるにもかかわらず、物語のすべてがオランピアド広場周辺で展開しています。

オランピアド広場．奇妙で独特な空間

また、『ココ、アヴァン・シャネル』（二〇〇九）の記憶も新しいアンヌ・フォンテーヌは、「フランスのMr.ビーン」こと「オーギュスタン」を主人公にした作品を二本撮っているのですが、今わたしたちにとって気になるのは、『オーギュスタン、恋々風塵』（一九九九）のほうです。

ポルトガル系フランス人であるオーギュスタンは売れない役者。カンフー映画に魅せられた彼は、パリ十三区に引っ越すことを決意します。そこでカンフーの修業を積めば、自分もまたブルース・リーのようになれるはずだと考えたからです。彼は荷物を愛用の自転車に括りつけると、セーヌを越え、この中華街へとひた走ります。到着するとさっそく安ホテル（「ホテル上海」）に宿を借り、今度はアルバイトを始めるのですが、その勤め先の雑貨店がまた、あのカモメ屋根の建物のなかなのです。夜の散歩はオスロ商店街に出かけて行くし、しかも、彼が恋に落ちる美しい鍼灸師リン先生は、この広場に面する高層ビルに住んでいます。その部屋から眺め下ろす広場の風景は、わたしたちが実際に目にすることは難しいものだけに、ほとんど幻想的とさえ感じられます……。

二人の監督がこのオランピアド広場を特別扱いしているのは、まちがいないでしょう。

17　なぜ十三区に中華街が？——アヘン戦争の木霊

パリ十三区にある中華街の焦点とも言うべきオランピアド広場、その風変わりな雰囲気に霊感を得た『オーギュスタン、恋々風塵』には、広場を見下ろす高層ビルに住む美しきリン先生が登場していました。ところでこのマギー・チャン演じるヒロインと、カンフー・スターを目指しているオーギュスタンとの会話には、実は少し気になることがあります。

リン先生のバック・グラウンドについては、オーギュスタンとの会話から、以下の点が分かるようになっています。つまり、パリに来たのは一年半前であること、鍼灸の技術は広東省の「広州にいる伯父」に習ったこと、今一緒にいるのは遠い親戚であること、などです。

そしてまた別のとき、オランピアド広場を見下ろして歩いていた二人は、こんな会話を交わします。最初に問いかけたのはリン先生のほうでした。

「ここみたいな中華街、パリにはたくさんあるの？」

「いや、あまりないよ」

「わたしはここしか知らないから……。でもここにいると、あなたも外国人ね、わたしみたいに」

このリン先生のセリフは、監督であるアンヌ・フォンテーヌがインタヴューで語っていた言葉を思い出させます、——この映画のなかでは「すべての登場人物たちが、それぞれの方法で亡命している」のだ……。

そして二人はなおも歩き続け、やがて第一次大戦戦没者慰霊碑の前にさしかかります。

「フランスでも戦争は多かったの？」

「そうだよ。一九三九年まではずっとね」

オーギュスタンの返答は、あまり意味のない「ボケ」なのでしょう。ただこの会話には、一つ大きなヒントが埋め込まれているようなのです。リン先生のセリフのなかには、「広州」と「戦争」という言葉が見出せます。この二つの語が並ぶときどうしても思い出されてしまうもの、それはアヘン戦争です。

アヘン戦争というのは、一八四〇年、麻薬を売りつけたい一心のイギリスが清に吹きかけた戦争です。そしてイギリス艦隊が最初に到着した港、それが広州だったのです。戦争に敗れた清は、イギリスから不平等条約を押しつけられ、その後アメリカやフランスからも、ほぼ同じ内容の条約を無理強いされます。つまりアヘン戦争とは、中国が初めて植民地主義の獰猛さに出会った戦争だったわけです。映画の終わり近く、中国に旅立とうとするオーギュスタンはいくつものアドヴァイスをもらうのですが、そのなかに「アヘンには気をつけろ」という言葉が含まれていたことは、決して偶然ではないのでしょう。

それにしても「アヘン戦争」まで話が及んだとなると、ここでこの中華街の成り立ちを振り返っておいたほうがよさそうです。ではまずは「十三区の歴史」、そして「中国系移民の流れ」を順に確認しておきましょう。

もともと農村地帯だったこのあたりが「パリ」に編入されたのは、一八六〇年、ナポレオン三世とオスマン知事によるパリ大改造においてでした。「十三区」となったこの地域には、やがて工場が進出し始めます。セーヌ河の支流ビエーヴル川が流れていたことが、さまざまな産業にとって好都合だったのです。パリ市内を流れるビエーヴル川は、現在市内ではすべて暗渠化されています。

『オーギュスタン，恋々風塵』はDVD化されている

たとえば今ガブリエル・フォーレ高校があるショワズィー大通り八十一番地には、フランス最古のチョコレート・メーカーであるショコラ・ロンバールの工場がありました。『パリ十三区、アジアの光』（*Paris-XIIIe, lumières d'Asie*）という本に載せられた写真には、今から出荷なのでしょう、工場の前に整列する何十もの馬車が、〈CHOCOLAT LOMBART〉と書かれた大箱を曳いている様子がとらえられています。そこでは、最盛時八〇〇人が働いていたそうです。

その後この土地は、これも老舗の自動車メーカー、パンアール・エ・ルヴァソール社によって買い取られ、より広大な工場の一部に組み込まれてゆきます。工場の内部を撮影した当時の写真には、積み上げられた車輪や旋盤、そして作業を続けるたくさんの男たちの姿が映っており、当時の活況ぶりがよく伝わってきます。こうした工場が、地方からパリにやってきた若者たち（すでに触れた『居酒屋』の主人公たちのような）を受け入れたわけです。一九三〇年にはメトロの七号線も開業します。パンアール・エ・ルヴァソール社は一九六五年、シトロエン社に吸収されることになります。

そして一九六〇年代、十三区の再開発計画が持ち上がります。あの「オランピアド地域開発プロジェクト」などです。当時開発側が考えたのは、この地域のスラム化を阻止することでした。そのためにさまざまな〝付加価値〟つきの住宅を用意し、比較的経済力のある層を呼び込もうとしたのですが、これは残念ながら奏功せず。想定されていた買い手・借り手は、「工場地帯」という十三区のイメージを嫌ったのです。その結果この街には、大量の空き家が生まれることになってしまいました……。

ガブリエル・フォーレ高校．かつてはチョコレート工場があった

　まとめるなら、農村→「パリ」編入→工場進出→再開発→空き家発生、です。

では次は「中国系移民の流れ」に移りましょう。ただこれは時代によってあまりに多様なケースがあり、とても単純化することはできません。だからここでは、大きな「うねり」を摑むことを目標としましょう。

　フランスは、実は中国系移民の「お気に入りの行き先」(James K. Chin)です。二〇〇二年の資料によれば、フランスにいる中国系移民は三〇万人、そのうち一〇万人がパリ圏にいると推計されています。ただし別の資料によれば、その後急増し、現在はフランスに一〇〇万人、パリ圏に四五万人いるとも言われています。

そして彼ら中国系移民は、おおむね二つのグループから成り立っています。浙江省（特に温州）や広東省出身者が多い「中国→フランス直行組」と、潮州出身者を中心とする「フランス領インドシナ経由組」です。ではまずは「直行」グループから。

そもそも中国系の移民の始まりは、アヘン戦争を直接のきっかけにしていました。奴隷解放――フランスでは一八四八年――が進み労働力を必要としていた「列強」が、中国の植民地化を図りながら、同時に中国系移民を受け入れ始めたわけです。一八四〇年から一九〇〇年までの間に、二〇〇万人以上が中国から海外に移民し、そのうちアメリカ、オーストラリア、ニュージーランド、ヨーロッパに向かった人の合計が、約四一万人だったそうです。これが第一期。

そして二十世紀。この時代の中国の大事件を挙げるなら、まずは前世紀末一八九四〜九五年にかけて起こった日清戦争、そして一九〇〇年の義和団事件ということになるでしょう。これらの事件を通じて、中国を植民地化する流れが加速されてゆきます。さらに一九一一年の辛亥革命。清朝は倒れるものの、やがて複数の軍閥が乱立、一九二六年には北伐も開始され、国内はとても不安定な状態に陥ってしまいます。

こうしたなかで、中国でも特に貧しい地域だった温州――上海の南四〇〇キロメートルほどの港町——からは、土地を捨てて海外に渡る人たちが出てきます。第一次大戦中には、一四万人もの温州人がフランスの労働現場に渡りましたし、一九二五年以降の一〇年間にも、自然災害などが重なったこともあり、フランスへの移民が続きました。[*1] 三区のメール通りは、別名「温州通り」と呼ばれるほど温州人が集まっています。

そしてまた第一次大戦と前後する時期には、中国とフランスの間で注目すべき制度が生まれました。それが「留仏勤工倹学」です。

この留学と労働を一体化させた画期的な制度は、勉学の志がありながら経済的に苦しい若者たちに、フランスで働きながら学ぶという道を開きました。当時中国では、辛亥革命の蹉跌の後、ヨーロッパ文明を取り入れた新しい教育の必要が叫ばれ、「ほとんどの青年たちが、自国の暗黒を痛恨し、出口を探し求めて」（何長工）いました。また一方受け入れ側のフランスでも、戦争で失われた労働力を補充するという大きな目的に加えて、特に社会主義系の政治家にとっては、「プロレタリア・インターナショナリズムの精神からいって、遠い極東の労働者との連携をはかること」（同）が重要だと映った側面もあったでしょう。だからこそ、この制度を利用してフランスに渡った者のなかには、周恩来、鄧小平など、後の新中国を支えることになる人材も含まれていたのです。一九二〇年末のフランスには、留学生だけで一六〇〇人以上、労働者は二〇万人が滞在していたといいます。

ここまでを第二期と考えることにしましょう。

第三期にあたる新中国（一九四九）誕生後は、共産党の方針により、基本的に「直行」の移民は不可能になります。けれども一九五八年以降の大躍進の時代や、文化大革命が終わり、海外開放政策が推し進められた八〇年代後半以降など、比較的海外渡航がしやすくなった時期には、中国系移民の数は増加してゆきます。特に後者の時代には、温州を含む浙江省ばかりではなく、福建省や広東省などからも移民がありました。また一九九〇年代末には、中国東北部、いわゆる旧満州地区からの移民が急増したこともあります。この背景には、中国政府の政策転換の結果、その地区の重工業系の大工場が閉鎖されるという事情があったようです。「新移民」とも呼ばれる八〇年代以降の移民のなかには、住居や仕事場を伝手のあった十三区に求めた人も多くあり、ここ二〇年ほどの十三区の発展は、彼らの存在なしには考えられません。

では最後に、「フランス領インドシナ経由組」です。

この地域では、一八八七年のフランス領インドシナ成立以前のかなり早い時期から、陸路で入植してくる中国人の流れがありました。国境意識が薄かったのも理由の一つでしょう。ただし、インドシナへの移民のなかには、奴隷として売られていった人も少なくなかったようなのです。第一次大戦後の東南アジアにおける中国系移民の状況について、何長工は『フランス勤工倹学の回想――中国共産党の一源流』（一九七六）のなかでこう書いています。

〔東南アジアの〕中国人労働者の大半は、「猪仔《チュツアイ》」として売られていったもので〔……〕以前は、この商売を専門にやる人買いブローカーがいたそうだ。〔……〕広東では、たくさんの田舎者が町へやってくるが、いきなり棍棒の一撃で気絶させられ、口をふさいで麻袋につめこみ、かどわかされてしまう。当局も手を出さぬ。そのうちだんだんと、出稼ぎを志願するものも出だした。あるものは、貧しくて生活のしようがなく、やむなくこの道をすすまざるをえなかった。またあるものは、いくらか山気があって、むこうで数年辛抱して「自由人」になれば、金儲けのチャンスがあるかもしれぬ、と考えた。

「猪仔」とは、奴隷として売られていった苦力《クーリー》の蔑称です。「もうひとつの奴隷貿易」とも呼ばれるこの苦力貿易は、十八世紀の初めに始まり、「列強」による植民地化が露骨になるアヘン戦争時代にピークを迎えました。けれども引用した文章が第一次大戦後であることを考えれば、その後も長く苦力貿易が続いていたことになるでしょう（ただこの「奴隷」たちは、買い主に相当な儲けが出た段階で、「自由人」になれる可能性がありました）。

こうした「労働者」のなかで最も多かったのが、香港から北東三〇〇キロメートル、潮州出身の人たちです。彼らのなかには、自由人になった後、今度は自らが「蛇」と呼ばれる猪仔ブローカーに転じたり、また事業に成功したりする人が出ました。が、フランス領インドシナ崩壊後の一九六〇〜七〇年代、中国系移民は苦難の時代を迎えます。

まずはヴェトナム。この時代のヴェトナムは、ヴェトナム戦争真っただなかで、華僑たちの多くはアメリカへ、フランスへと渡っていきます。そして一九七五年、ついに終戦。その後、パリ留学中にはフランス共産党の創設にも参加したホー・チ・ミンが、華僑を押さえ込む反共政策に舵を切り、その四年後には中国と開戦。華僑たちは移住するしかありませんでした。

またカンボジアでは、虐殺者ポル・ポトが権力を握ります。一九四九年から三年間のパリ留学中に共産主義と出会った彼は、その後この思想を過激化。一九七五年には、映画『キリング・フィールド』（一九八四）にも描かれた残虐な粛清を開始するのです。ホー・チ・ミンとポル・ポト、二人がともにフランス留学を経験していることは、特記しておいていいでしょう。

さらにラオスでも、六〇〜七〇年代を通じて、長い内戦が続いていました。

つまり旧フランス領インドシナの国々は、独立後もそれぞれ苦難の道にあり、難民となった華僑たちは、かつての宗主国フランスを目指すことになったのです。フランス内務省の資料から計算すると、一九七五年〜七七年の三年間だけで、旧インドシナからフランスに流入した中国系移民は約八万人に及んでいます。そしてこの時代、パリ十三区には売れ残った空き家が多くあり、それが彼らの、格好の住み処となりました。たとえ少々家賃が高めの部屋でも、たとえば五人で借りれば、なんとかやりくりできるでしょう。一九六〇年代に行われた十三区の再開発、その「ツケ」とも言うべき空き家問題は、思わぬ形で解決しました……。

オランピアド地区の再開発と、中国系移民の大きなうねり。この両者が出会ったとき生まれたのが、このパリ十三区の中華街だったのです。

18 二つの寺院で華僑の心に出会う——法國潮州會館と在フランス・インドシナ出身者協会

今わたしたちがいるのは、オランピアド広場に面したオスロ商店街の正面入り口なのですが、ほんの数分の寄り道です、この商店街の屋上に上ってみましょうか。といっても、入り口のすぐ脇にある階段を上るだけです。

そうして実際に上ってみると、目の前にはただ打ちっぱなしのコンクリート床が広がるだけなんです。が、ちょっと奥の塀際まで歩いて行って、その向こうを見下ろしてみてください。眼下には、完全に打ち捨てられた、しかもそれなりに広々とした土地が広がっています。ただそこには、なにやら金属の、あるいは雑草の作る痩せた緑の川が幾筋も見て取れます。実はここ、かつてはパリの動脈として活躍した鉄道、プティットゥ・サンチュールの線路跡なんです。

プティットゥ・サンチュール（直訳は「小さなベルト」）が開業したのは、オスマン時代の一八六二年。全長は三二キロで、今のパリ（一周三五キロ）のやや内側を、環状に走っていました。パリの場合、いわゆるターミナル駅が分散していますから、それらを繋ぐ移

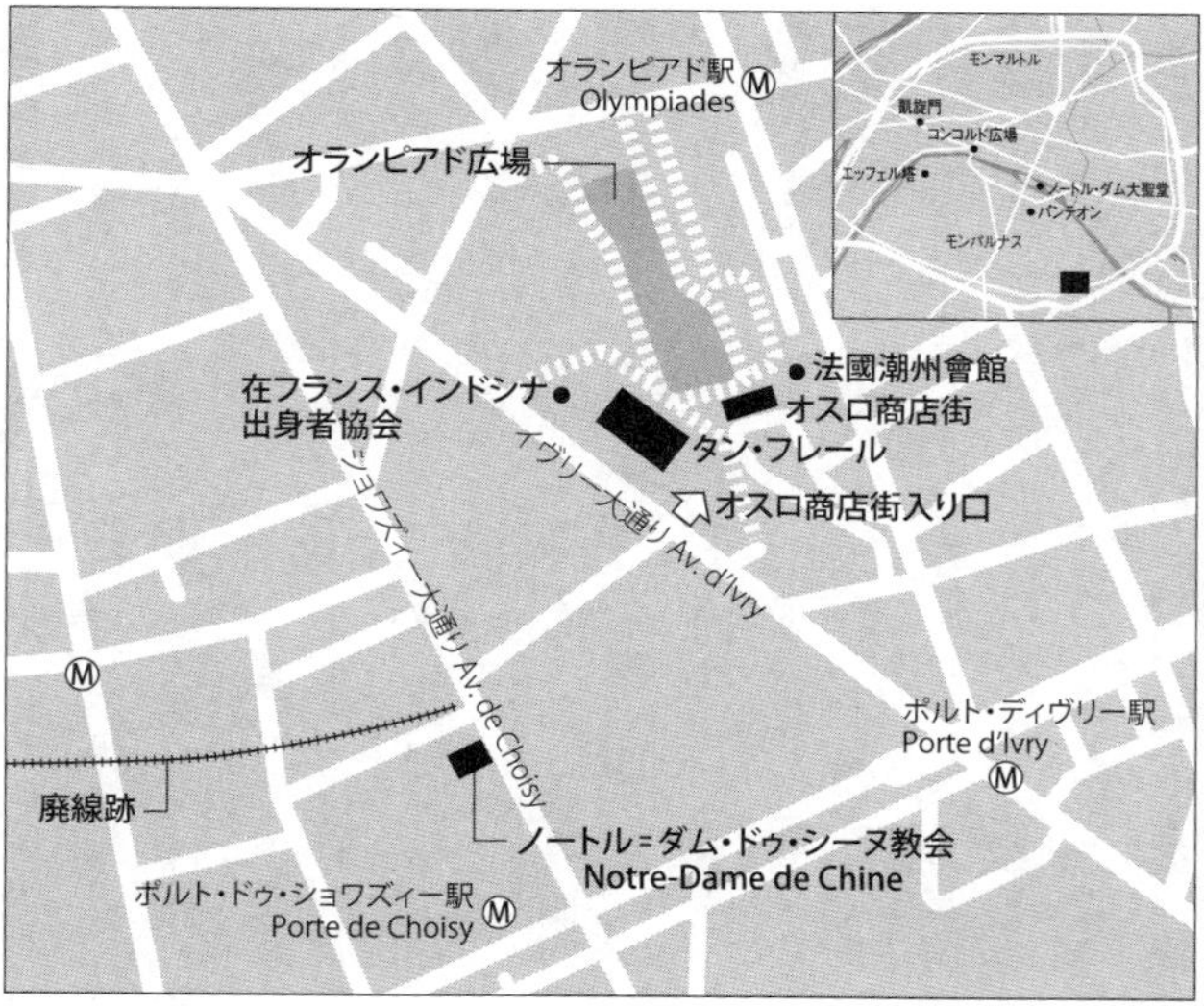

動手段として機能していたのです。ただこの鉄道は、メトロの出現によってその存在価値が薄れ、一九三〇年代には貨物専用となり、その後一九九〇年には、完全に使用停止となりました。

今わたしたちが見下ろしているのは、厳密に言えば、プティットゥ・サンチュールから分かれた短い貨物用支線跡です。駅名はゴブラン・マルシャンディーズ（ゴブラン織物商品）。そうです、十七世紀以来今も現役の国立ゴブラン織り工房は、先に触れたビエーヴル川の水を利用するため、十三区のイタリー広場（第19章参照）の近くに造られたのでした。そしてこの場所は、先ほど訪れた「タン・フレール」の搬入口と背中合わせにもなっています（ここから徒歩一〇分、ショワズィー大通りにあるノートル＝ダム・ドゥ・シーヌ教会の脇には、廃線跡がさらによく見えるポイントがあります。またモンスーリ公園とビュット・ショーモン公園にも、絶好の廃線跡見学スポットがあります）。

さて、ではこのあたりで、中華街二度目の食事にしましょうか。今わたしたちはオスロ商店街の屋上にいるわけですが、そういえばこの商店街には、可愛らしいレストランが集まっている通路があったはずです。見に行ってみましょう。

正面出入り口から再入場すると、すぐ左側には、これは立派な中華レストラン、「アジア・パレス」があります。この店、聞くところによると北京ダックが看板料理で、結婚式なども開かれるとか。ただ今回は、もうちょっと奥の店をのぞいてみましょう。なにやらにぎわっているようだし、より気軽な雰囲気が漂っています。

並んでいるお店は、どこもそれなりにおいしそう。でも通路の一番奥の店、「ラオ・ドゥアン・ディー」（Lao Douang Dy）のテラス席（というか学食の大テーブル風）は、とりわけ暖かい感じです。店の前まで行ってみると、とても見やすい写真入りの大きなメニュー表が立っています。天井に設えられた電光式の看板には「幸運」の文字が浮かんでいるし、ご主人は気の置けない感じだし、たぶん彼の娘さんである若い女性もハツラツとした美人だし……、さあ、入りましょう。

注文したのは、店員さんお勧めの豚とモヤシを包んだクレープ、油そば風の麵、それからエビの辛い炒め物、もちろん青島ビールも忘れはしません。そして味は……、さすがパリの中華街。東京でこのレベルの味を求めるなら、それなりの覚悟が必要な気がします。

ちょっと看板娘に訊いてみましょう。

「アジア料理って書いてありますけど……」

「うちはヴェトナムね。でもほら」と、ほとんど境のないお隣を見遣って「あっちはタイ料理なの」

「あなたはパリ生まれ？」

「いいえ、わたしはヴェトナムから来たの」

もう少し話を聞きたかったのですが、そのとき一人の女性が、おもちゃをくりつけた板（？）を抱えて割り込んできました。子供さんのお土産にいかが？　というわけです。

オスロ商店街の屋上から．かつての鉄路が見える

パリでは、カフェやレストランなどのテラス席にいると、ただ座っているだけで、いろんな「訪問販売」に出会うことになります。しかもそれが食べ物だったら、カフェの席でそのまま食べたりもして。これが「パリ・ルール」ということなのでしょう。

ひとしきり食べたら、この店でもやはりフォーで締めることにしました。味は、「フォー・キャトルズ」のものよりあっさりしていますが、これはこれで十分おいしい一品でした。

さて、そろそろこの中華街巡りも終盤になりました。そこでみなさんにもう一度、以前登場した二本の映画、『パリ、ジュテーム』のなかの「ショワジー門」と、『オーギュスタン、恋々風塵』を思い出していただきたいのです。この二作には、すぐに気づく共通点がいくつかあります。

まずは、中心となる舞台がオランピアド広場であること、次に、ヨーロッパ系男性とアジア系女性の出会いが物語の核心にあること、それからもう一つ、途中に寺院が登場することです。

二つの映画は、ともに意味のあるアクセントとして、物語のなかに寺院を挿入しています。しかもそれぞれの映画に登場する二つの寺院は、ともにオランピアドの心臓部にあり、お互いに徒歩五分以内の距離にありながら、やや色合いが違っているのです。ではここで、中華街の総まとめを兼ねて、この二つの寺院を回ってみることにしましょう。

今回のスタート地点は、オスロ商店街の通路の奥、「ラオ・ドゥアン・ディー」の前なのですが、見るとさらに奥まったところに、商店街の小さな出入り口があるのが分かります。まずはそこから広場に出てみると……、なんと目の前右側に、目指す一つ目の寺院、法國潮州會館が早くも登場です。

愛すべき店「ラオ・ドゥアン・ディー」は商店街の奥にある

この仏教寺院は、一九八六年にできた「在フランス潮州出身同郷会」本部も兼ねています。潮州出身者はこの地区の多数派であり、今はフランス有数の資産家となっている「タン兄弟《フレール》」も同郷会のメンバーです。二人が育ったのはメコン川沿いの田舎町、ラオスのターケーク。そして運命の一九七五年、カンボジア、ヴェトナムに続いてラオスでも「革命」が起こり、多くの華僑が国外に逃亡する事態になりました。タン兄弟もまた、このときパリに移民してきたのです。

さて寺院ですが、これは独立した建物ではなく、ビルの一部に収まっています。拝観料はいりません。さ

上：法國潮州会館の正面
下：「尊者」像の並ぶ内部

あ、入ってみましょう。

まず正面の部屋は、落ち着いた談話室という感じ。小さな子供がおやつを食べています。そして右側の部屋に靴を脱いで上がってみると、広々とした部屋には金色の空気が満ちています。仏像、花、また仏像……。わたしたちは漢字文化圏の出身ですから、「佛」も

「徳」も「尊者」も、一応判読できます。けれどもローマ文字文化圏の人にとって、漢字は意味不明な記号でしかないはずです。だとするならこの寺院に対しても、わたしたちとは違う印象を抱くのでしょうか。というのも、あのオーギュスタンがリン先生を探してこの寺院に入り込んだときの、戸惑った表情が忘れられないからです。

そういえば映画のなかには、この寺院の創立一〇周年を祝うパーティーの場面がありました。そこでリン先生が仲間たちと合唱していたのは、寺院創立と同じ一九八六年にフランスで大ヒットした曲、「ベル・イル島、マリ・ガラント島」でした。

ベル・イル島〔ブルターニュ地方〕
マリ・ガラント島〔グアドループ〕
セント・ヴィンセント島〔カリブ海〕
遠きシンガポール
セイモア島、セイロン島
島々よ、おまえたちを隔てるのは
水、水なんだ、
おまえたちを遠ざけてしまうのは。

ぼくには、子供時代の思い出がある、
でもフランスでは、
暴力、
寛容さの欠如、
わたしが持っている違いのせいで。
軽い
コーヒー
ミルク入りの
切り離されてしまった子供は、
島々よ、おまえたちのようだ。

ぼくはこの感情を知っている
孤独と孤立の。

たった一人、海に残された

海賊のように
地上で
どこか孤独
愛、それが通りすぎるのをぼくは見た
オエ、オエ
それが通りすぎるのをぼくは見た
切り離されてしまった子供は、
島々よ、おまえたちのようだ。
ぼくはこの感情を知っている
孤独と孤立の。

カルケラ島〔グアドループ〕
カレドニア島
ウェサン島〔ブルターニュ地方〕
ヴァージン諸島〔カリブ海〕
みなひとりぼっち

いつも
島々よ、おまえたちを隔てるのは
水、水なんだ、
おまえたちを遠ざけてしまうのは
オオ、オオ……

映画のなかで実際に歌われるのは、第一連と最終連だけです。そこでは、故郷から切り離された移民の孤立感が、「水」によって隔てられた「島々」に託されていると言っていいのでしょう。中華街のにぎわいに隠されて見えなくなりがちですが、彼らの故郷への思いが消えてしまうはずもありません、たとえフランス国籍を取得しているとしても。つまり中国系のコミュニティーにとって、寺院は単に宗教的な場なのではなく、自分たちのアイデンティティーを支える象徴的存在でもあるのですね。

ただ第二連、つまり「暴力」や「寛容さの欠如」といった部分は、映画においては完全にカットされています。それは監督のアンヌ・フォンテーヌが、この映画に政治的な色がつくのを嫌ったためでしょう。とはいえ、この「ベル・イル島、マリ・ガラント島」は大ヒット曲であり、フランス人なら多くの人が、当然第二連以下の歌詞をも想起することになるはずですが。

さて、では次の寺院に移りましょう。こちらは、ちょっと日本では考えられないのですが、駐車場に通じるトンネルのなかにあります。

まずオスロ商店街を、入ってきたときの逆に進み、イヴリー大通りに戻ります。そしてこの大通りを北西へ二〇〇メートルほど上ってゆくと、大通りの東側、つまり「タン・フレール」の並びに、ビル内の駐車場へと続くトンネルが現れます。このトンネル、実はディスク通りというれっきとした名前があり、各種の地図には点線で記載されているのですが、ここは明らかに自動車専用道路です。だから通常は、なかをのぞきこむ人さえいないはずですが……、見つけました、あのトンネル内に揺れる赤い灯り、第二の寺院にちがいありません。

この「在フランス・インドシナ出身者協会」は、さきほどの仏教寺院とは異なり、一般に「儒・仏・道」と言われる三つの「教」を複合させたお寺です。

「在フランス・インドシナ出身者協会」の入り口はトンネルの途中に

こちらのメンバーには、「タン・フレール」のライバル店、「パリ・ストール」のオーナーが名を連ねています。さあ、入ってみましょう。ここも拝観料はいりません。

部屋のなかの雰囲気は、第一の寺院に比べれば質素ですが、鎮座する像たちはどれも輝いています。特に道教の最高神の一人、真武大帝の黄金の像は、その髭や束ねた髪が印象的です。また部屋の入り口脇の空間では、御隠居さんが三人、中国将棋でもしているようです。「ショワジー門」の主人公、白人男性のエイミーは、たしか今三人がいる場所に座っていたはずですが、彼は真武大帝を知っていたのでしょうか？

オランピアド広場に面して建つ仏教寺院。そして駐車場に通じるトンネル内の複合寺院。二人の映画作家は、それぞれの嗅覚によってこれらの寺院を探り当て、特にアンヌ・フォンテーヌの場合は、その作品に深い陰影を与えました。それはもちろん、これらの寺院が、十三区に暮らす人々のアイデンティティーの一つ、それも重要な一つであるからにちがいないのです。

19　周恩来ゆかりの地、そして「うずら丘」へ――イタリー広場から

二〇〇九年の秋、あるフランス発のニュースが目に留まりました。見出しはこうです。

「二人の中国人、周恩来が滞在していたパリのホテルを買い取る」

周恩来が留仏勤工倹学を利用してフランスに渡ったのは、一九二〇年暮れのこと。周はその後パリ、ロンドン、ベルリンなどを行き来しますが、パリにいる間定宿としていたのは、イタリー広場からすぐの安ホテルでした。ここには、鄧小平やグエン・アイコク（後のホー・チ・ミン）も訪れた記録が残っています（グエンがフランス共産党の創設に参加したことは、第17章で触れました）。中国人が買い取ったと報道されているのは、もちろんこのホテルのこと。ホテル・ネプチューンは今も二つ星ホテルとして営業を続けていて、通りに面した外壁には、周恩来のレリーフも飾られています。

ところでこのホテルのあるイタリー広場は、中華街の三角形からは離れているものの、

三角形の頂点にあたる「フォー・キャトルズ」からなら北に歩いて一〇分足らずです。狭い意味での中華街ではありませんが、その気配はもちろん感じられます。実際、ホテル・ネプチューンを買い取ったのは中国人だし、ホテルと同じブロックの広場側角地には、中国銀行が支店を構えています。

というわけで、ここでは中華街・番外編として、まずはイタリー広場を、そしてそこから歩いて行けるビュット・オ・カイユ（うずら丘）地区を見ておくことにしましょう。最後には、とっておきの中国料理店へも向かいます。

直径二〇〇メートルに及ぶイタリー広場が造られたのは、やはりオスマンの時代。それ以前ここには、徴税請負人の柵が延びていました。[*1]

この柵は、すでに第10章でも触れた通り、あくまでパリへの入市税を取り立てるための関所として設けられたものです。一七八四年と言いますから、革命の直前です。この徴税請負人の柵の出現こそが、民衆の間にくすぶっていた不満に火をつけた、つまり革命へと駆り立てたのだと考えることもできます。

もちろん入市税そのものは、それ以前から取り立てていました。けれどもこの柵が造られる以前、関所は板葺きの掘立小屋で、塀には所々隙間さえ空いていたといいます。これでは「抜け荷」が横行するのを防ぐことはできません。特にワイン税は、当時の税収の半分ほどを占めていたので、徴収側は神経を尖らせていました。そしてついに、この徴税請負人の柵の建設に至るわけです。つまり今イタリー広場がある地点は、当時「パリ」の内

ホテル・ネプチューン．
現在も営業中

ホテル横の壁面に掲げられた周恩来のレリーフ

と外を分ける境界上に位置していたことになります。

またイタリー広場という名前は、近くを走るイタリー大通り（Avenue d'Italie）にちなんでいるのですが、この道はその名の通り、イタリアへと向かう街道（現在の国道七号線）の起点に位置しています。

さて今このイタリー広場を前にすると、南側の角地に、一際目を引く建物があるのに気づきます。

丹下健三デザインによる、「グラン・テクラン」です。このダイナミックな建物が完成したのは、都庁完成の翌年にあたる一九九二年のことでした。グラン・テクランとは、直訳すれば「大画面」。建設当時ここには、パリ一の巨大画面を持つ映画館が入っていたのです。

「グラン・テクラン」のエントランス・ホール．地下には「タティ」も入る

ただこの映画館自体は、二〇〇六年、惜しまれつつ閉鎖。その後は「タティ」、「カルフール」、「フナック」などの商業施設が集まった「イタリー2」や、ホテル、一般サイズの映画館などが入っています。アトリウムらしい明るさが隅々まで広がるエントランス付近の空間は、あえて言えば、同じ丹下健三デザインの横浜美術館を思わせるかもしれません。

このイタリー広場からは、七本の道が放射状に延びているのですが、そのうちの一本はオーギュスト・ブランキ大通りです。ブランキが、一八三九年、バルベスとともに反乱を起こしたことは、すでに触れました。こうした「革命的」な名を持つ通りは、パリの中心部には存在しないことも。

このブランキ大通りを三〇〇メートルほど進むと、左に（南に）分かれて行く道があります。サンク・ディアマン通りです。そしてこのゆるやかな坂道を上ってゆくと、安くておしゃれな店が何軒か並んでいるのに出会います。壁の落書きで有名なバスク料理店、「シェ・グラディーヌ」もこの通り沿いです。

実はこのサンク・ディアマン通りは、いわゆるビュット・オ・カイユ地区の中心となる通りです。「ビュット」とは「丘」のことで、地形的に言えばここは、パリに七つある高台の一つです。*2 おしゃれな店が、と書きましたが、それは決して粋がった店ということではなく、むしろ気の置けない、学生や労働者向けの、という意味です。シャンゼリゼの煌びやかさとは別世界です。

またこのサンク・ディアマン（五つのダイヤモンド）という名前は、今もこの通りの十番地にある劇場名に由来するらしいのですが、驚くのはこの劇場の歴史です。かつてはルノワールの絵でも知られるフォリー・ベルジェールのダンサーたちのレッスン場だったものが、その後エディット・ピアフの恋人となるボクシング世界チャンピオン、マルセル・セルダンの練習場となり、戦争中はレジスタンスの武器保管庫になり、一九七五年になってようやく、現在のような劇場になったというのです。

　そしてサンク・ディアマン通りを上りきったあたりが、この丘の頂上です。今度はその丘を南側に下ってみましょう。するとやがてトルビアック通りとボビヨ通りの交差点に建つ、サン＝タンヌ教会の前にたどりつきます。この教会、またの名を「チョコレート製の教会」と言うのですが、それは一九一二年にこの建物を大改築した際、あのショコラ・ロンバール社が気前よく寄付してくれたからだそうです。ロンバール社は、かつてショワズィー大通り沿いに大工場を所有していたのでしたね。

　そしてこの番外編の最後にご紹介したいのが、とっておきの中華料理店、「レストラン・シェ・ヨン」です。サン・タンヌ教会からなら、ラ・コロニー通り七十二番地のこの店まで、五分もかかりません。

　この店の看板メニューは、なんといってもその

人気店「シェ・グラディーヌ」は壁のペインティングが目印

豪快な鍋料理でしょう。小ぶりの土鍋はアツアツに熱せられていて、豆腐やキクラゲと一緒に、たっぷりの牛肉が投入されています。そしてまだほんのりピンク色の牛肉の上には、軽く炒めたネギや、新鮮なパクチーも載せられていて。見た目はやや重そうですが、食べ始めるとそのさらりとした旨みに魅了されます。

夏には大きな扇風機が首を振るこの店は、もちろん水餃子も麻婆豆腐も、それから揚げナスのビネガー風味もどれも美味です。しかも、ほとんどの料理が一〇ユーロ以下。家の近所にあったら、迷わず常連になりたい店です。看板に書かれた「鼎鼎香」(すみずみまでおいしい)、まったく偽りありません。もしビュット・オ・カイユに寄られることがあれば……。

パリ十三区の旅、いかがでしたか? おいしくて肌になじむ中華街は、同時にアジアの近代を乱反射するプリズムでもありました。もちろん、これもまたパリなのです。

20　ヒンドゥーの神様、ガネーシャのいる街――インド人街

外壁に取りつけられたチューブ状のエスカレーター、そのどこか内臓めいたデザインで知られるパリのポンピドゥー・センターは、一九七七年、パリ中心部の四区に出現しました。デザイナーはレンゾ・ピアノとリチャード・ロジャース。たまたま知り合いが、ロンドンにあるリチャード・ロジャースの事務所に勤めていたのですが、「リチャードは、自転車に乗って通勤してくる気さくなおじさん」とのことでした。この世界的「おじさん」の作品は日本にもあって、たとえば六本木にある政策研究大学院大学（山下設計との共同デザイン）などもその一例です。

このポンピドゥー・センターは、現代美術の充実したコレクションはもとより、オープン以来さまざまな異色の企画展を打つことでも注目されてきました。開館当時の「都市シリーズ」――「パリ－ニューヨーク」（一九七七）、「パリ－モスクワ」（一九七九）、「パリ－パリ」（一九八一）、「パリ－ベルリン」（一九八八）――や、一九九一年、アンドレ・ブルトンの没後二五年に際して開かれた「アンドレ・ブルトン、痙攣的な美」なども、長く語

り継がれている展覧です。そしてこのポンピドゥー・センターで二〇一一年の夏に開かれたのが、「パリ－デリー－ボンベイ」でした。

現代インドを発見するために、というテーマを持つこの企画展には、インド系の若手作家たちが集結し、夢のなかでさえ出会わないだろうイメージの数々を繰り広げていました。たとえば、横幅一メートル以上はある金色の頭部は、黒々とアイラインを施された目を見開き、鼻にはピアス、耳には大きなイヤリング、そして引っ詰めた黒髪は巨大なピンクッション様の髪留めでまとめられています。また、部屋中にアルミ製のバケツや鍋やお玉を積み上げたインスタレーションや、インド系の容貌を持つ、本家より美しいかもしれない「民衆を導く自由の女神」の肖像、そして映画ポスター風にアレンジされたシヴァ神など……。

そして数ある作品のなかには、インド現代アート界のホープ、一九七六年にムンバイで生まれたシルパ・グプタの作品もありました。床に嵌め込まれたディスプレーには、何を求めてでしょう、一心に踊り続ける女性の姿が、俯瞰《ふかん》的に映し出され……。実は彼女の作品は、第11章で登場したヴァル・ドゥ・マルヌ県現代美術館にも所蔵されていて、たとえば「シャドウ#3」と題されたヴィデオ・インスタレーションは、観客が作品の前を歩くと、そのシルエットに向かって異様な物体が滑り降りてくるという、インタラクティヴな作品でした。この印象的な作品は、以前東京の森美術館でも体験する機会がありました。ただインドの場合、これは日本との繋がりも決して薄いとは言えませんが、フランスともまた長い付き合いの歴史を持っています。とはいえそれは、やはり宗主国と植民地という関係だったわけですが。

もちろんここ数百年、インドを「支配」してきたのは主にイギリスでした。けれども、たとえば一七四一〜五四年の地図を見ると、インドの大部分がフランスの影響下にある土地として色分けされていますし、東岸のポンディシェリ（プドゥッチェーリ）やヤナム、あるいはシャンデルナゴル近辺は、はっきりフランス領として描き分けられているのです。

ポンディシェリを例にとるなら、この土地がフランス領になったのは一六七三年。フランス東インド会社がラジャから買い取ったのです。そしてその後、オランダ領となったり、イギリス領に（三度も）なったりしながら、結局戦後の一九五四年まで、ポンディシェリはフランスに「支配」されることになりました（一七六三年のパリ条約以降は、「非軍事的」であることが条件とされました）。

さて、この話がどこに繫がるのか、みなさんもうお察しだと思います。そうです、最終回である今回は、パリのインド人街に出かけてみたいと思っています。

最初に向かうのは、これは有名なインド人街であるパッサージュ・ブラディーです。この一五〇メートルほどのパッサージュ（建物と建物の間などに造られたアーケードのようなもの）は、一八二八年に完成したと言いますから、もうすぐ二百歳。なんとか取り壊しを逃れ生き続けた結果、二〇〇二年には歴史的建造物の指定を受けました。場所は、実はすでに訪問したシャトー・ドーのすぐ近く。メトロのシャトー・ドー駅からなら、ストラスブール大通り――KFCをポイ捨てするビヨンセ・クーリバリーが闊歩していたあの通りです――を南に、ものの二〇〇メートルも行くと、その両側にパッサージュ・ブラディーは延びています。ただパッサージュらしいのは、西側の部分でしょう。

どこか薄暗いこの古びたパッサージュ、なかに入ると、八百屋さん、インド風雑貨屋さん、そしてしのぎを削るように軒をぶつけ合う、何軒ものインド料理屋さんなどが並んでいます。ただし、有名店「プージャ」一軒をのぞいて、ほかはすべてパキスタン人経営の店なのだそうですが。[*1]

パキスタンの正式名称は、「パキスタン・イスラーム共和国」。もともとこの地域のムスリムを統合して成立した国ですから、イスラームを国教としているわけです。またパキスタンは、一八七七年から独立を果たす一九四七年まで、イギリス領インド帝国の一部だったし、また現在もイギリス連邦の構成員となっています。だから、移民先の第一候補地は

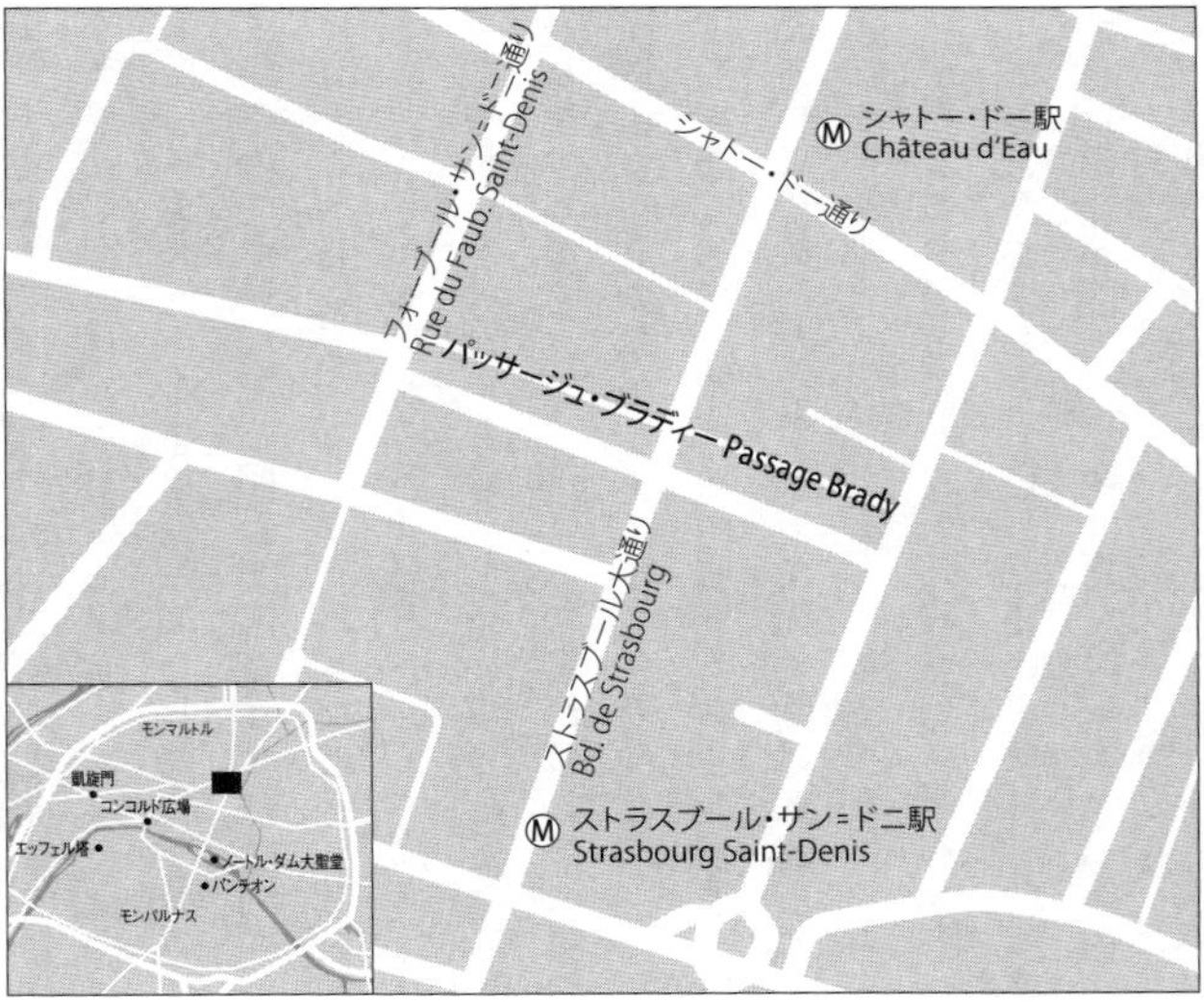

当然イギリスになるわけですが、一九八〇年代以降、イギリスが移民受け入れに消極的になったため、パキスタンからフランスへの移民が増えたと言われています。こうした事情が、パッサージュ・ブラディーで働く人の出身地構成にまで影響しているのでしょう。

　さて、大事なインド料理の味のほうです。個人的な印象で言うなら、もちろんおいしいとは思うのですが、驚きの、というところまではいかないようです。インド料理は、実は日本でも相当普及しているし、インド人やパキスタン人のシェフが腕をふるう店も少なくありません。そうしたなかのおいしいお店なら、このパッサージュ・ブラディーでも人気店になれそうな気がします。

ただし、このパッサージュにあるインド雑貨店「ヴェラン」は、「パリで一番奇抜な」と自ら名乗っている通り、ちょっと見たことがないほどの品揃えです。店内はゆったりしているのですが、その棚の充実ぶりには圧倒されます。スパイス、紅茶、ハーブティー、アロマ、お香、ジャム、ピクルスなどが、壁を埋め尽くしているのです。そしてこの店もまた、パキスタン人の経営だといいます。

この西側のパッサージュを通り抜けたところは、フォーブール・サン＝ドニ通り。この通りを少し歩くと、トルコ系の店が多いのに気づきます。が、ここには実は、クルド人が経営する店も少なからずあるそうです。二〇〇九年に公開されたフランス映画『君を想って海をゆく』は、イラクからフランスへと逃げてきたクルド人少年を主人公としていましたが、この映画がフランスで広く受け入れられたのは、理由のないことではなかったのでしょう。

またこの地区のパキスタン系やトルコ系の移民のなかには、服飾関係の下請けに携わっている人たちも多いと言われています。この産業の中心地の一つサンティエ地区は、ここからなら徒歩圏です。第4章で登場した『原色パリ図鑑』は、このサンティエ地区を舞台としていたのでしたね。

では次のインド人街に向かいましょう。まずはメトロに乗って、二号線のラ・シャペル駅で降ります。ここは以前たっぷり歩き回った、バルベス＝ロシュシュアール駅の東隣、つまり、サクレ＝クール寺院に参拝するときに使うアンヴェール駅から見れば、東に二つ進んだ駅ということになります。地図上で言うなら、ちょうど北駅と東駅に挟まれた「はざま」のような位置です。

フォーブール・サン＝ドニ通りのインド料理店

駅を出ると目の前に、メトロの高架線と直交する通りが走っていますが、わたしたちが進むのは南側に延びる通り、フォーブール・サン＝ドニ通りです。この通りが今回のお目当てです。

歩き始めてすぐ目に入るのが、まずはインド料理のテイクアウト店、ヒンドゥー教徒のための肉屋、それから色鮮やかなサリーを並べているインドデザインの洋服屋などです。「ボリウッド」——「ボンベイ」と「ハリウッド」の合成語。インドの映画産業を指す言葉です——という店名の

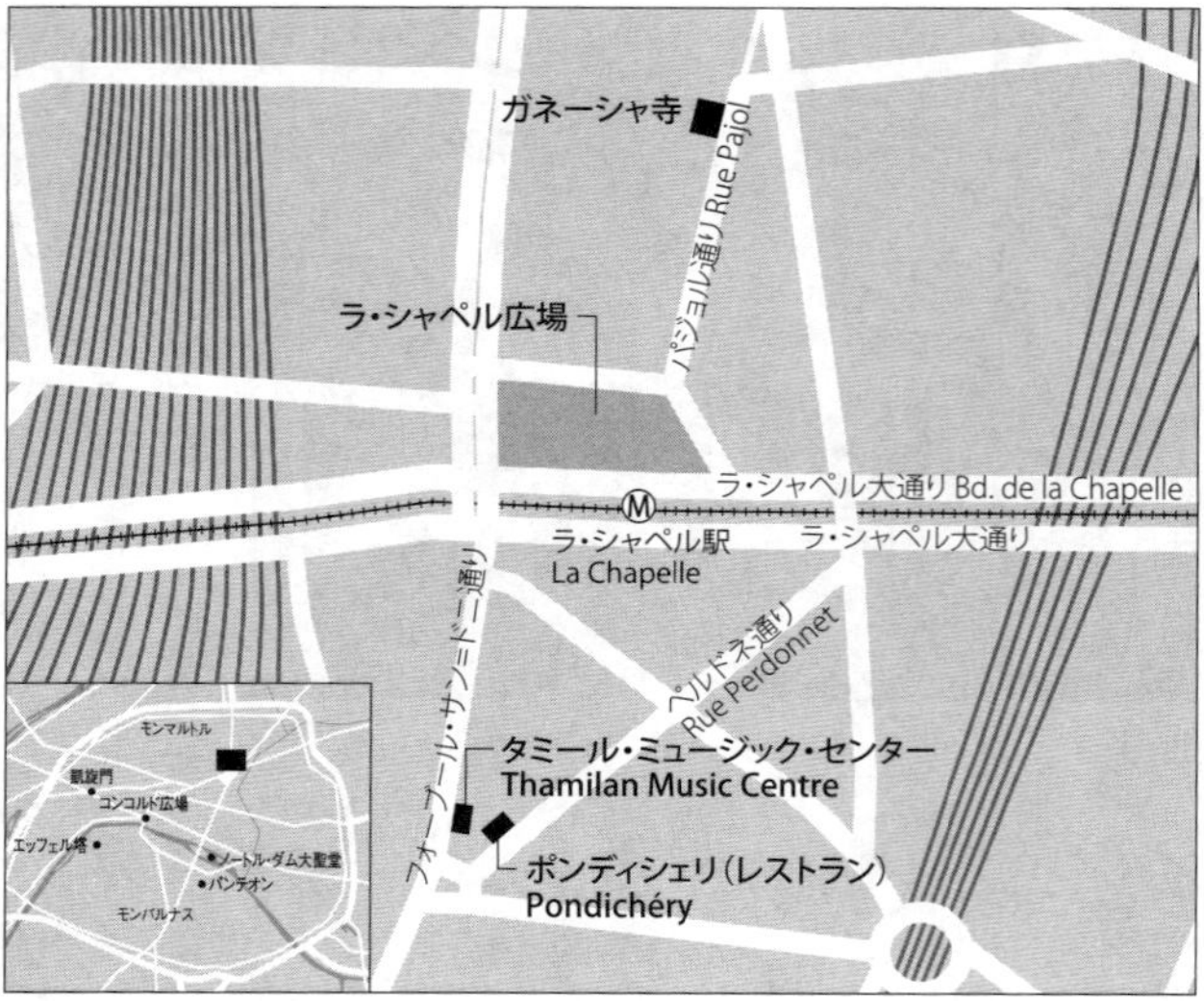

DVDショップには、フランス映画のヒンディー語版とタミール語版の扱いあり、という表示も。ただそのフランス語のつづりが間違っているのは、ご愛嬌というものでしょう。

そしてペルドネ通りとの交差点近くの「タミール・ミュージック・センター」は、なかでも一際目立ちます。というのもこの店、DVDやCDばかりでなく、衣類やアクセサリー、そしてさまざまな意匠をこらしたヒンドゥーの神々の置物まで取り揃えているからです。とりわけ、人間の体にゾウの頭を持つガネーシャはこの店の人気の神らしく、手のひらサイズの像が何種類も用意されています。四本ある腕はもちろん、折れた左の牙も忠実に再現されていて、ヒンドゥー教徒ならずとも欲しくなるほど魅力的。さらにこの店の出入り口のドアには、燃え上がるような異形の女性の肖像画がかけられているのですが、この青黒い肌とピンクの（ストーンズのトレードマークのような）長い舌、髑髏《どくろ》の首飾り、そして三つの瞳を見開いているのは、シヴァの妻にして憤怒の女神、カーリーにちがいありません。

そして通りに戻ると、実はこちらの現実世界にも、サリーを着て、額にはビンディーを施したヒンドゥー女性たちの姿があります。この界隈はたしかに「インド人街」なのですが、より正確に言うなら、インドの南端、タミル・ナードゥ州出身の、いわゆるタミール人たちが数多く住む地域です。彼らはタミール語を話し、そのほとんどがヒンドゥー教徒です。そしてこのタミール地方の中心都市、それが先ほど略歴をたどったあのポンディシェリなのです。

店先に貼られた女神カーリーのポスター．三つの瞳

というわけで、これほどまでヒンドゥーとタミールに染まった地域にやってきたら、やはりなにか名物を食べずにはいられませんね。ためしにちょっと周辺を歩き回ってみると……、ペルドネ通

りに入ってすぐのところに、ごく庶民的なレストランを発見。その名も「ポンディシェリ」です。

ポンディシェリ料理は、南インドの伝統料理が、フランスからの素材や調理法と出会ったときに生まれました。その出会いは、良いか悪いかは別にして、ある種の〝洗練〟をもたらしはしたのでしょう。しかもそれをパリで食べるとなれば、洗練の度合いはさらに上がりそうです。

レストラン「ポンディシェリ」で運ばれてきたのは、白いご飯、野菜カレーがたっぷり盛られたお皿、そしてもう一品は、カレー味のついたご飯が山盛りによそられ、そこにスパイシーな茹で卵と漬物風の野菜などが添えられた銀のプレートでした。こちらの米は長細いインディカ米で、山を崩すとお肉も顔を見せます。ただ、なんといっても量が多い。一皿でゆうに二人前はあるでしょう。

「もう終わり？　おいしくなかった？」

店員のハンサムな男性は、本気で心配そうな様子。こちらもとても申し訳ない気持ち。味はいいんです、でも量が……。

「あなたはどこから来たの？」

「日本から」

「日本!?　フクシマ、大変だったね。大丈夫？」

「ありがとう、心配してくれて。まだ時間がかかるけど。で、あなたは、出身は？」

「ぼくはポンディシェリから」

予想通りの答えです。

そして、なおも「ほんとにまずくなかった？」と真顔で気にかけてくれる彼と別れると、締めにはこの地域の精神的な中心を訪ねてみましょう。そうです、ここにはヒンドゥー寺

上：「ポンディシェリ」の料理．相当なヴォリューム
下：ガネーシャ寺で祈る男性

院があるのです。

ラ・シャペル駅の北側には、ラ・シャペル広場という小さな緑地があります。ここは、第8章で触れた『チャオ・パンタン』の主人公が、深夜の給油係として勤めていたガソリン・スタンドがあった場所です。そして目指すヒンドゥー寺院は、この緑地の角から延びるパジョル通りを北に一〇〇メートルほど上ったところにあります。

タンプル・ガネーシャ（ガネーシャ寺）は、正式名を Sri Manicka Vinayagar Alayam といい、毎年夏には大きなフェスティヴァル、ガネーシャ祭りを主催しています。この地区の店は残らず参加し、ガネーシャを讃える飾り付けにそれぞれ工夫を凝らします。これはつまり、ガネーシャ寺がこの地区の核になっていることの証拠だと言えるでしょう。だからこそ、あの「タミール・ミュージック・センター」でも、ガネーシャが特別扱いされていたのですね。

祭りが始まると、いくつもの山車《だし》が登場し、ガネーシャを載せたひときわ豪華な山車がトリを飾ります。女性たちはとっておきのサリーを着こみ、髪をジャスミンの花で飾ったり。子供や男性たちもめかしこんで参加しますが、大量の観光客も流れ込むので、ほとんど身動きがとれないとか。

そんなガネーシャ寺ですが、ふだんはひっそり、建物の一階にすっぽり収まっています。

「日本からですか？　どうぞ見て行ってくださいい。写真もかまいませんからね」

生真面目そうな青年の言葉に甘えて、靴を脱いで部屋に入ってみましょう。

広々とした室内の中央には、メインの祭壇と思われるものが鎮座しています。そして今も、子連れの男性が一人、真っ白い床に座って熱心に祈っています。もちろんご本尊はガネーシャ。その像は中央の台座ばかりでなく、部屋のあちこちに設えられた祭壇にも祭られています。黄色、オレンジ、そして金色が、この部屋の基調となっているようです。

「お祭りのときは、ずいぶんにぎやかだそうですね？」

「そう、もちろん。このあたりだけじゃなく、バルベスのほうまで練り歩きますから、そちらでも盛り上がります。よければ、二〇一〇年のお祭りのDVDが販売されています」

「フランス語？」

「フランス語とタミール語」

「あの金色のガネーシャは？」

「あれは一五ユーロです」

全身金色に塗られた身長五センチメートルほどのガネーシャは、ガラス棚のなかで輝いていました。

パリの城壁——あとがきにかえて

わたしたちはここまで、パリのさまざまな場所を訪ね歩いてきました。ただし「パリ」という場合、実は時代によってその範囲は大きく異なっています。ここではその「パリ」の範囲の変遷を、時代ごとに確認しておきましょう。

現在パリの範囲を示しているのは、高速自動車道であるブールヴァール・ペリフェリックです。一周三五キロメートルといいますから、東京で言えば山手線とほぼ同じサイズです。このやや横長の円のなかに、パリ二十区が収まり、二〇〇万を超える人が集中しているわけです。ちなみに山手線の内側の人口は一五〇万人程度と考えられます。

このペリフェリックは、十九世紀半ばに建造されたティエールの城壁を、二十世紀に入って取り壊したその跡地に造られたものです。この城壁が計画されたのは、ドイツ経済圏の中核となったプロイセンに対する脅威が高まっていた十九世紀前半。だからこそ防衛のために、パリをぐるりと取り囲む長大な城壁が築かれたのです。
ただし、この城壁が実戦で役に立ったのは、普仏戦争のときだけでした。しかもその後、あのマルクスも高く評価した労働者による革命政権、「パリ・コミューン」によってパリを追われたティエール首相軍は、かつて首相自らが建築命令を出した城壁にパリ奪還を阻まれるという、皮肉な巡り合わせに遭遇することにもなります。そして二十世紀に入り、大砲の発達などで無用の長物となったこの城壁は取り壊され、その跡地が利用されることになったわけです。

実はパリは、このティエールの城壁を含めて、六度城壁に囲まれたことがあります。「パリ」は、基本的にはこの城壁の範囲と一致すると考えていいでしょう。現在に近いほうから遡るなら、

6	ティエールの城壁	一八四一〜四五年	周囲三四キロ
5	徴税請負人の柵	一七八四〜九〇年	関税徴収が目的
4	ルイ十三世の城壁	一六三一年	3に繋げて
3	シャルル五世の城壁	一三七〇年頃	右岸のみ
2	フィリップ・オーギュストの城壁	一一八〇〜一二一〇年	周囲五キロ

1　ローマ帝国時代の城壁　　四世紀半ば　　シテ島のみ

このうち5の徴税請負人の柵だけは、軍事用ではなく、パリへの入市税の取り立てのために造られたものです。徴税請負人という存在は、実はローマ時代にまで遡ることができるのですが、要は税を徴収する権利をお金で買った人たちのことです。彼らは当然、支払った額以上の税金を集めようとします。それが彼らの収入になるわけですから。そしてそのためにこそ、徴税請負人たちは共同して、立派な柵を造ったのです。ただ第10章で触れた通り、この柵の誕生が、それ以前から積もりに積もっていた不満に火をつけ、行動としての革命に繋がったのだと考えることもできるわけです。

3と4の城壁は、今グラン・ブールヴァールが走っている位置にありました。日本人観光客に馴染みのコンコルド広場、マドレーヌ寺院、旧オペラ座前を通り、リシュリュー・ドゥルオーからは右（東）にカーブしていき、やがては共和国広場、バスティーユ広場へと到達する半円形の大通りです。完成したのは一七〇五年。ただしグラン・ブールヴァールの一つであるモンマルトル大通りには、完成から五〇年、一軒の家も建つことはありませんでした。つまり当時、パリはグラン・ブールヴァールにすっぽり収まり、城壁近辺はまったくの郊外だったわけです。

2のフィリップ・オーギュストの城壁、これは今も、パリ市内の各所に一部が残っています。有名なのは、ユダヤ人街の近く、メトロのサン＝ポール駅から近いシャルルマーニュ高校の壁でしょう。校舎の一部に、この城壁が利用されているのです。ただし3や4は徹底的に取り壊され、まったく残っていません。

またこの城壁を象徴するものとして、あのルーヴルを挙げることができます。当初ルーヴルは要塞として建てられたのですが、なぜセーヌ河岸のあの位置に造られたのかと言えば、それは（第0章で触れた通り）セーヌを遡って来る「蛮族」を恐れたからでしたね。

そしてローマ時代の城壁。これはシテ島の一部だけを守るためのもので、「蛮族」の攻撃を受けたときは、当時左岸で暮らしていた者たちもみな、この城壁のなかに逃げ込みました。ノートルダム寺院の横手に、その位置を示すプレートが掲げられています。

――というわけで、あえて時代を遡るようにたどってみました。二十一世紀のパリから遠望できるさまざまなパリ。「パリは脱皮する」と言われますが、そうして脱ぎ捨てられた殻そのものは、今ほとんど残っていません。とはいえわたしたちは、こうした変遷の果てにたどりついたのが今のパリであることを、忘れることはできないのです。

本書では、世に知られたパリの名所ではないものの、魅力の点では決して劣ることのない地区を訪ねて回りました。ユダヤ人街から出発して、アラブ人街、アフリカ人街、アジア人街、インド人街まで。そしてこうした街々の「今」を解きほぐそうとするとき鍵になるもの、それは移民の存在です。

言語学者・西江雅之は、世界のすべてのフランス語圏に降り立ったといいます。これは並大抵のことではありません。が、わたしたちにも、その疑似体験なら可能なのです。そう、パリに行けばいい。パリには、世界のフランス語圏の縮図が埋め込まれているから。そしてその縮図を駆動させているのは、そうした土地からの移民たちであり、さらには、それ以外の地域からの移民たちでもあります。もし今のパリに何らかの豊かさが見出せるとするなら、それは彼らの存在抜きでは考えられないことです。

最後になってしまいましたが、本書を作るにあたっては、多くの人のお世話になりました。パリ滞在時にはあちこち付き合ってくれた中村隆之・菜穂夫妻、いつも貴重なヒントを与えてくれる大学の同僚たち、そして丁寧に読んで的確なアドヴァイスをくださった編集部の水野良美さん、この場を借りてみなさんにお礼申し上げます。ありがとうございました。

二〇一二年盛夏

清岡智比古

註

I　歴史の痕跡に耳を澄ます――ユダヤ人街

2　パリ一美しい広場へ――ヴォージュ広場

＊1　『イブラヒムおじさんとコーランの花たち』の舞台は、原作でも映画でもブルー通りとされています。けれども映画のほうの撮影場所は、実はブルー通りではなく、クレリー通り（モモの世界）とボールギャール通り（イブラヒムの世界）で行われました（一五三頁の地図参照）。本文中で言及した一五段の階段とは、パリで一番短い通り、ドゥグレ通りです。この階段が、並行して走る二つの通り（世界）を繋いでいるのです。この撮影場所は、メトロのストラスブール・サン＝ドニ駅のすぐ近くです。そしてそこは、後出する『原色パリ図鑑』の舞台となるサンティエ地区の中心街なのです。

3　かつて「地獄通り」と呼ばれた道で――ブルー通り

＊1　ヴェル・ディヴというのは、エッフェル塔の近くにある冬季競輪場のこと。一九四二年のパリ、連行された一万三〇〇〇人のユダヤ人たちは、この競技場に集められ、その後絶滅収容所へ送られました。このなかには子供も四〇五一人含まれていたのですが、誰一人戻ることはありませんでした。ただフランスではよく知られたこの事件も、日本ではあまり話題になることがないようです。

テーマとの関わりの濃淡はあるにせよ、この辛い事件が描きこまれている映画作品は少なくありません。『サンドイッチの年』もその一本で、ヴィクトールの両親が連行されたのはこのときだったわけです。またアラン・ドロンが主演した『パリの灯は遠く』（一九七六）でも、物語の背景には近づいてくるこの事件の足音がいつも聞こえています。バスで連行されるユダヤ人女性が言う、「ドイツに連れて行かれるっていう噂があるけど、フランスの警察がそんなことを許すはずがないわ」というセリフは、後に続く裏切りの本質を突いているように聞こえます。また最近では、まさにこの事件の闇を扱った『黄色い星の子供たち』（二〇一〇）も公開されました。

さらに新しいところでは、二〇一一年、セザール賞の脚本部門と女優部門でともに最優秀賞を獲った『戦争より愛のカンケイ』にも、この事件を指している場面があります。それは主人公の通う中学校で、一枚のプレートが掲げられるエピソードにおいてなのですが、連行された子供たちを悼むそのプレートには、ナチとヴィシー政権の犯行であることがはっきり記されているのです。この映画のなかで、主人公であるユダヤ人男性と恋仲になる奔放な女性は、外見こそまったくのヨーロッパ系白人ですが、父親はアルジェリア系の移民であり、母親は移民排斥に反対する活動家だという設定です。こうした「現代的」なカップルの背後に、ホロコーストやアルジェリア独立戦争の記憶を配した演出は、きわめて巧みなものでした。

＊2　フランスのユダヤ人思想家、ジャンケレヴィッチやレヴィナスなど。

＊3　ユダヤ史を専門とするエステル・バンバッサやジャン＝クリストフ・アティアスなどがこうした立場です。バンバッサは、レコンキスタでスペインを追われたユダヤ人の家系で、トルコ生まれ。アティアスはアルジェリア系ユダヤ人を父に持つフランス人です。現在は二人とも、パリの国際的な研究機関、高等実習研究所に所属しています。

＊4　ユダヤ人歴史学者であるヤコヴ・ラブキンなどが、こうした見方を示しています。

4　ユダヤ教の心臓――シナゴーグ・ドゥ・ラ・ヴィクトワール

＊1　ユダヤ教、キリスト教、イスラーム。これら三宗教の聖典が何かご存知でしょうか？　ユダヤ教は「旧約聖書」、キリスト教は「旧約聖書」と「新約聖書」、イスラームは「旧約聖書」と「新約聖書」と「コーラン（クルアーン）」、なんだそうです。この三宗教に、共通する水が流れ込んでいるのがはっきり分かります。ゴッドとアラーは同じ神だと言っていいわけです。ちなみにイエス・キリストは、イスラームにおいても五大預言者の一人に数えられています。これは当然とても重要な位置ですが、あくまで神の言葉を預かった「人間」。キリスト教における「神の子」とは違いますね。

＊2　イスラエルの歴史学者、シュロモー・サンドの『ユダヤ人の起源』（二〇一〇）。そしてやはりイスラエル人である歴史家、イラン・パペの『イラン・パペ、パレスチナを語る――「民族浄化」から「橋渡しのナラティヴ」へ』（二〇〇八）などを参照。

Ⅱ　イスラーム文化を味わう――アラブ人街

5　イスラームの美を訪ねる――ラ・グランド・モスケ・ドゥ・パリ

＊1　「ベルベル人」という表現は、もともとは「野蛮人」を意味するギリシャ語から派生しているのですが、今は差別的なニュアンスを伴わずに定着しているので、ここではそのまま使っています。彼ら自身は自らのことを、「アマジーグ（自由な人）」と呼んでいるそうです。

Ⅲ　混沌の街を歩く――アフリカ人街

＊1 10　小説『居酒屋』の舞台となった場所――グット・ドール地区

日本では話題になることの少ないブルキナ・ファソですが、パリとの関係は薄くありません。たとえば、アルジェリア北部（カビリア地方）出身の歌手、アクリ・デ．は、二〇一一年にリリースされたアルバム『パリ‐ハリウッド』のタイトル曲のなかで、ハリウッド行きを夢見て故郷を離れたものの、結局はパリのファストフード店で働いている、ブルキナ・ファソ出身の少女の物語を歌っています。また二〇〇九年に公開された映画『わたしたちの見知らぬ女性』（Notre étrangère）は、ブルキナ出身の若きパリジェンヌが、八歳のときに別れた母を探しに故郷に戻るロードムーヴィーでした。

＊1 11　不法滞在者たちと灼熱のマルシェ――サン＝ベルナール教会からシャトー・ルージュまで

このヴィデオ作品は、ヴァル・ドゥ・マルヌ県現代美術館に所蔵されています。また YouTube で、そのメイキング映像を見ることができます。これだけでも十分おもしろいです（Kimsooja で検索）。

＊1 13　セネガル料理讃――アフリカ料理店「マイムナ・エ・マンデラ」

「アイシャ」という名前は、イスラームの開祖ムハンマドの三番目の妻の名前に由来しています。ムハンマドの最初の妻である「ハディージャ」、ムハンマドとハディージャの娘である「ファーティマ」などとともに、ムスリム女性（＝ムスリマ）に多く見られる名前です。

Ⅳ　アジアから遠く離れて――アジア人街・インド人街

15　カンボジアからパリへ――十三区の中華街

＊1　サルセルには、戦後早い段階（一九五八～六一）で大量の集合住宅が建てられました。ジャン・ギャバンとアラン・ドロンの共演で名高い『地下室のメロディー』（一九六三）には、ちょうど建設ラッシュだった時代のサルセルが描き出されています。それは、五年の刑期を終えて出所してきたギャバンが、パリ北駅から郊外行きの列車に乗り、やがてサルセルの駅に降り立つシーンです。自宅のある町のあまりの変貌ぶりを目の当たりにした老ギャングは、「緑地帯だったのに、これじゃニューヨークだ」と心に呟きます。ギャバンが刑務所で過ごした五年は、それほどにサルセルを変えたのです。

こうして大きな居住空間が用意された結果、サルセルは移民や難民の受け入れ場所となってゆきます。そして現在、この街は住民の三分の一がユダヤ人、そしてまたアラブ系の人たちも三分の一いるという、特殊な状況下にあります。

『地下室のメロディー』のオープニング・クレジットの背景には、空撮されたサルセルの町が映し出されるのですが、偶然なのかオマージュなのか、ほとんど同じサルセルの空撮が、オープニング・クレジットの背景に使われている映画があります。『リトル・エルサレム』（二〇〇四）です。監督は、バルベスを扱った章で触れた『花嫁たちの歌』(Le Chant des Mariées) と同じカラン・アルブーです。アルジェリア人の父を持ち、チュニジアに住んだこともあるという彼女は、今はテル・アヴィヴとパリを行き来するユダヤ人です。

17　なぜ十三区に中華街が？――アヘン戦争の木霊

＊1　第一次大戦中、一四万もの温州人がフランスの労働現場に渡ったわけですが、彼らは「北洋政府によって、洋銀三百元でフランス帝国主義に売りわたされた」（何長工）労働者だったとも言われています。彼らのうち、戦後もフランスにとどまったのは、公式には三〇〇〇人程度。そして森時彦によれば、「十八年末から数百人単位で帰国がはじまり、中国国内の新聞には毎週のように『華工回国』という見出しの記事が掲載された」そうです。ただし帰国した労働者たちに対し「中国政府は、何ひとつかれらの生活の面倒をみようとはしなかった。おおくの人は帰国後、職をみつけることができず、身の置き場所もなく街頭をほっつき歩き、もち帰ったわずかの衣服さえやむなく売り払った」とされています。当時の混乱した中国では、彼らばかりが職を見つけられなかったわけではないのでしょうが。

19　周恩来ゆかりの地、そして「うずら丘」へ――イタリー広場から

＊1　徴税請負人の柵に組み込まれていた関所は、フランス革命の際に多く破壊されました。この柵が、民衆の怒りを買っていた証拠でしょう。ただダンフェール・ロシュロー駅前（十四区）とスターリングラード駅前（十九区）の二カ所には、関所がそのまま残っていて、見学することができます。

＊2　七つの高台：サント・ジュヌヴィエーヴ、モンマルトル、ベルヴィル、メニルモンタン、シャイヨ、モンパルナス、ビュット・オ・カイユ。このうちモンマルトルとモンパルナスは、「山」（モン）だと考えられていたわけです。

20　ヒンドゥーの神様、ガネーシャのいる街――インド人街

＊1　『パリで出会ったエスニック料理』（にむらじゅんこ）による。

主要参考文献

文献

BENBASSA,Esther. *L'Histoire des Juifs de France*, Seuil, 2000.

BRODY, Jeanne. *Rue des Rosiers : une manière d'être juif*, Autrement, 1995.

CHADYCH, Danièlle; LEBORGNE, Dominique. *Atlas de Paris, Evolution d'un paysage urbain*, Parigramme, 2007.

CHIN, James K. 'Understanding Irregular Migration from China', *Testing Global Interdependence*, edited by Ernest Aryeetey and Natalia Dinello, Edward Elgar Publishing, 2007.

COHEN, Jean-Louis; LORTIE, André. *Des fortifs au périf*, Picard, 2000.

Costa-Lascoux, Jacqueline; Yu-Sion, Live: *Paris-XIIIe, lumières d'Asie*, Edition Autrement, 1995.

DURAS, Marguerite. *Outside*, P.L.O., 1984.

FIERRO, Alfred. *Histoire et Dictionnaire de Paris*, Robert Laffont, 1996.

GAGNEUX, Renaud; PROUVOST, Denis. *Sur les traces des Enceintes de Paris*, Parigramme, 2004.

Hillairet, Jacques. *Dictionnaire Historique des Rues de Paris*, Les Editions de Minuit, 1963.

LENTZ, Serge. *Les années-sandwiches*, Robert Laffont, 1981.

Lieve Spaas, *The Francophone Film, A Struggle for Identity*, Manchester University Press, 2000.

M'BOUDI, Catherine; KORKOS, Alain. *Les Carnets de L'AFRIQUE à Paris*, Parigramme, 2011.
MERCIER, Louis-Sébastien. *Tableau de Paris*, BiblioLife, 2009.
ADAJANIA, Nancy(ed.). *Shilpa Gupta*, Prestel, 2010.
PINÇON, Michel; PINÇON-CHARLOT, Monique. *Paris mosaïque*, Calmann-Lévy, 2002.（『パリの万華鏡』
野田四郎監訳、原書房、二〇〇六年）
PHILIPPE, Béatrice. *Etre juif dans la société française du Moyen Âge à nos jours*, Editions Complexe, 1999.
PITTE, Jean-Robert (ed.). *Paris: Histoire d'une ville*, Hachette,1993.
POLIAKOV, Léon. *L'impossible choix: histoire des crises d'identité juive*, Austral, 1996.
SCHMITT, Éric-Emmanuel. *Monsieur Ibrahim et les Fleurs du Coran*, Magnard, 2004.
STÉPHANE, Bernard. *Petite et grande histoire des rues de Paris*, Albin Michel, 2011.
LOSHITZKY, Yosefa. *Screening Strangers*, Indiana University Press, 2010.
ZOLA, Émile. *L'assommoir, Les œuvres complètes 8. Les Rougon-Macquart*, François Bernouard, 1928.
Paris-Delhi-Bombay, Centre Pompidou, 2011.

浅野素女『パリ二十区の素顔』集英社、二〇〇〇年
荒又美陽『パリ神話と都市景観』明石書店、二〇一一年
有田英也『ふたつのナショナリズム』みすず書房、二〇〇〇年
――「イスラエリットの歴史／上・下（一八〇六―一九〇五）」『ヨーロッパ文化研究』第十七・十八号、
成城大学大学院文学研究科発行、一九九八、一九九九年

イリイチ、イヴァン『コンヴィヴィアリティのための道具』渡辺京二・渡辺梨佐訳、日本エディタースクール出版部、一九八九年
ヴィーゼル、エリ『夜』村上光彦訳、みすず書房、二〇一〇年
内田樹『私家版・ユダヤ文化論』文藝春秋、二〇〇六年
小倉和夫『パリの周恩来』中央公論社、一九九二年
オンフレ、ミシェル『哲学者、怒りに炎上す。』嶋崎正樹訳、河出書房新社、二〇〇八年
何長工『フランス勤工倹学の回想――中国共産党の一源流』河田悌一・森時彦訳、岩波書店、一九七六年
菊池恵介「ヨーロッパ映画と移民問題」『現代思想』十月臨時増刊号、二〇〇七年
喜安朗『パリの聖月曜日』平凡社、一九八二年
クラーク、スティーヴン『くそったれ、美しきパリの12か月』村井智之訳、ソニーマガジンズ、二〇〇六年
サンド、シュロモー『ユダヤ人の起源――歴史はどのように創作されたのか』高橋武智監訳、武田ランダムハウスジャパン、二〇一〇年
篠永宣孝『フランス帝国主義と中国――第一次世界大戦前の中国におけるフランスの外交・金融・商工業』春風社、二〇〇八年
シュミット、エリック＝エマニュエル『チベット聖者の教え』阪田由美子訳、PHP研究所、二〇〇四年
――『モモの物語』番由美子訳、メディアファクトリー、二〇〇四年
――『100歳の少年と12通の手紙』阪田由美子訳、河出書房新社、二〇一〇年
――『ノアの子』高木雅人訳、NHK出版、二〇〇五年

ジョリヴェ、ミュリエル『移民と現代フランス――フランスは「住めば都」か』鳥取絹子訳、集英社、二〇〇三年
陣野俊史『フランス暴動――移民法とラップフランセ』河出書房新社、二〇〇六年
セン、アマルティア『アイデンティティと暴力――運命は幻想である』大門毅監訳、勁草書房、二〇一一年
立花隆『解読「地獄の黙示録」』文藝春秋、二〇〇四年
田所光男「パリ・ロジエ通り界隈――浸透するユダヤ的差異」『言語文化研究叢書3 都市と文化』名古屋大学大学院・国際言語文化研究科、二〇〇四年（http://www.lang.nagoya-u.ac.jp/proj/sosho/3/tadokoro.pdf）二〇一二年九月一日
にむらじゅんこ『クスクスの謎』平凡社、二〇一二年
――『パリで出会ったエスニック料理』木楽舎、二〇〇六年
デュラス、マルグリット『アウトサイド』佐藤和生訳、晶文社、一九九九年
――『愛人』清水徹訳、河出書房新社、一九九二年（本文中の「痩せた黄色い肌の子供たち」の引用は、『愛人』の訳者解説より）
パペ、イラン『イラン・パペ、パレスチナを語る――「民族浄化」から「橋渡しのナラティヴ」へ』ミーダーン訳、柘植書房新社、二〇〇八年
平野千果子『フランス植民地主義の歴史――奴隷制廃止から植民地帝国の崩壊まで』人文書院、二〇〇二年
藤井真理『フランス・インド会社と黒人奴隷貿易』九州大学出版会、二〇〇一年

ブルデュー、ピエール・ウォーラーステイン、イマニュエル他『力の論理を超えて――ル・モンド・ディプロマティーク1998―2002』、『ル・モンド・ディプロマティーク』日本語版編集部編訳、NTT出版、二〇〇三年
ベントゥネス、シャイフ・ハーレド『スーフィズム　イスラムの心』中村廣治郎訳、岩波書店、二〇〇七年
堀井敏夫『パリ史の裏通り』白水社、一九八四年
堀江敏幸『郊外へ』白水社、一九九五年
洪世和『コレアン・ドライバーは、パリで眠らない』米津篤八訳、みすず書房、一九九七年
本間圭一『パリの移民・外国人――欧州統合時代の共生社会』高文研、二〇〇一年
増田ユリヤ『移民社会フランスで生きる子どもたち』岩波書店、二〇一一年
松井道昭『フランス第二帝政下のパリ都市改造』日本経済新聞社、一九九七年
港千尋『パリを歩く』NTT出版、二〇一一年
ラブキン、ヤコヴ・M『トーラーの名において――シオニズムに対するユダヤ教の抵抗の歴史』菅野賢治訳、平凡社、二〇一〇年
――『イスラエルとは何か』菅野賢治訳、平凡社、二〇一二年
ラフェリエール、ダニー『帰還の謎』小倉和子訳、藤原書店、二〇一一年
レヴィナス、エマニュエル『困難な自由――ユダヤ教についての試論』内田樹訳、国文社、二〇〇八年
明治大学人文科学研究所編『パリ・その周縁』風間書房、二〇〇二年
地球の歩き方編集室『aruco パリ』ダイヤモンド・ビッグ社　他、ガイド本多数

ホームページ

ルーヴル美術館ＨＰ（http://www.louvre.fr/jp）二〇一二年九月一日
ナンテール市ＨＰ（http://nanterre.fr/）二〇一二年三月一日
末廣英生「勝者の呪い（Winner's curse）：ローマ帝国の徴税請負人選抜から現代欧州携帯電話戦争まで」神戸大学大学院ＨＰ内（http://mba.kobe-u.ac.jp/square/keyword/backnumber/22suehiro.htm）二〇一二年九月一日
「テュルゴーのパリ地図」（http://edb.kulib.kyoto-u.ac.jp/exhibit-e/f28/f28cont.html）二〇一二年三月一日

国内版ＤＶＤ（カッコ内は映画制作年）

『憎しみ』（一九九五）
『原色パリ図鑑』（一九九七・ＶＨＳ）
『イブラヒムおじさんとコーランの花たち』（二〇〇三）
『アラビアのロレンス』（一九六二）
『96時間』（二〇〇九）
『サンドイッチの年』（一九八八）
『ジャック・メスリーヌ』（二〇〇八）
『パリ、ジュテーム』（二〇〇六）

『ロード・オブ・ザ・リング』（二〇〇一）
『チャオ・パンタン』（一九八三）
『枯葉～夜の門～』（一九四六）
『ニキータ』（一九九〇）
『黄色い星の子供たち』（二〇一〇）
『地下室のメロディー』（一九六三）
『アメリ』（二〇〇一）
『さよなら子供たち』（一九八八）
『戦争より愛のカンケイ』（二〇一〇）
『インドシナ』（一九九二）
『キリング・フィールド』（一九八四）

フランス語版ＤＶＤ

17 rue Bleue（『ブルー通り十七番地』）
La vérité si je mens! Ⅱ～Ⅲ（『原色パリ図鑑』Ⅱ～Ⅲ）＊Ⅰのみ国内版あり。
Le Chant des Mariées（『花嫁たちの歌』）
Fatou la malienne（『マリ人、ファトゥー』）
Tout ce qui brille（『きらきらしてる』）
Paris-Bamako（『パリ＝バマコ』）

Notre étrangère（『わたしたちの見知らぬ女性』）
Little Senegal（『リトル・セネガル』）
La Petite Jérusalem（『リトル・エルサレム』）
Aïcha I〜IV（『アイシャ』I〜IV）

映画パンフレット

『オーギュスタン、恋々風塵』ワイズポリシー、二〇〇五年
『愛人』東宝株式会社、出版・商品事業室、一九九二年
『地獄の黙示録』東宝株式会社、出版・商品事業室、二〇〇二年
『サンドイッチの年』（CINE VIVANT N.31）シネセゾン、一九八九年
『イブラヒムおじさんとコーランの花たち』ギャガコミュニケーションズ、二〇〇三年
『原色パリ図鑑』BUNKAMURA、一九九八年

【著者】
清岡智比古（きよおか ともひこ）
明治大学理工学部（総合文化教室）准教授。専門はフランス語・フランス文学。元 NHK「テレビでフランス語」講師。著書に、『東京詩――藤村から宇多田まで』（左右社）、『小さな幸福』（小沢書店）、『世はいかにして昭和から平成になりしか』（共著、白水社）、『混成世界のポルトラーノ』（共著、左右社）、「フラ語シリーズ」（全5冊、白水社）など。

平凡社新書661

エキゾチック・パリ案内

発行日――2012年11月15日　初版第1刷

著者――清岡智比古
発行者――石川順一
発行所――株式会社平凡社
東京都千代田区神田神保町3-29　〒101-0051
電話　東京（03）3230-6580［編集］
　　　東京（03）3230-6572［営業］
振替　00180-0-29639
印刷・製本―株式会社東京印書館
装幀――菊地信義

ISBN978-4-582-85661-3
NDC 分類番号293.5　新書判（17.2cm）　総ページ256
平凡社ホームページ　http://www.heibonsha.co.jp/